RL BOOKS

Shtëpia e letërsisë shqipe

Verë 2021

REVISTA LETRARE

Botuese — Ornela Musabelliu
Kryeredaktor — Arbër Ahmetaj
Redaktore e përkthimeve — Eleana Zhako

Drejtor Dritan Kiçi
ACC VZW - BE722862311
Revista letrare ®
https://www.revistaletrare.com
info@revistaletrare.com

Revista letrare - Verë 2021
ISSN 2736-531X-20211
ISBN 978-9928-324-17-7

© *Revista letrare zotëron gjithë të drejtat e botimit, dhënë nga autorët dhe mbajtësit e së drejtës së krijimeve dhe artikujve të botuar online dhe në print. Ndalohet ribotimi në çdo version pa lejen e cilësuar të mbajtësit të së drejtës.*

© *Botimi i Revistës letrare në print mundësohet nga* **RL Books** ®

RL BOOKS
https://www.rlbooks.eu
admin@rlbooks.eu

Në kopertinë:
Arif Lushi, "Gruaja në kolltuk", vaj në telajo
instagram.com/ariflushi/

Bruksel, qershor 2021

Përmbledhje

INTERVISTA

Besnik Mustafaj, *shkrimtar* 77
Ana Kove, *shkrimtare dhe përkthyese* .... .35

PROZË

Ahileas Kiriakidhis: *Nebraska* 7
Agron Tufa: *Rrëshira e zezë* 18
Stefan Çapaliku: *TT -Tregimet e tranzicionit* .... .25
Nawal El Saadawi: *Vdekja e Shkëlqesisë së Tij* 29
Thanas Medi: *Të çmendurit e mi* 51
Mimoza Hysa: *Për natën e mirë* 61
Truman Kapot: *Llambë në dritare* 89
Sevdail Zejnullahu: *Aroma e gjahut* 100
Eleana Zhako: *Tri tregime* 114
Arbër Ahmetaj: *Zarfi misterioz* 129

POEZI

Alisa Velaj: *Cikël poetik* 20
Kostas Dhespiniadhis: *Cikël poetik* 41
Nizar Kabani: *Cikël poetik* 69
Brikena Qama: *Cikël poetik* 84
Zhaneta Barxhaj: *Cikël poetik* 93

Rabi'a Al-'Adawiyya 108
Andal 109
Hildegard von Bingen 110
Chiara di Assisi 111
Zeynep Hatun 112
Teresa de Avila 113
Klodian Kapllanaj: *Cikël poetik* 118
Valbona Bozgo Musai: *Cikël poetik* 124

KRITIKË

Alba Gega: *Mesazhi i fshehur i Lasgushit* 132

Nebraska

AHILEAS KIRIAKIDHIS
Joanës

E martë, 4 qershor

Nxori këmbën dhe e mbështeti në trotuar. Po rrija te kafja kundruall. Më pas, e pashë të nxirrte një pjatëz dhe ta vendoste përbri. Malli dhe arka. Sa kohë qëndrova, nuk pashë askënd t'i jepte rëndësi, jo më para. Dukej i duruar. Rreth dyzetë-dyzetë e pesë vjeç. Mbante një karton dhe ua tregonte kalimtarëve shpërfillës, që s'i hidhnin as sytë. Aty shkruhej: "JAM SERB I KRISHTERË" a diçka e tillë. Nuk shihja dhe aq mirë. Dhe as që e kisha mendjen. Kafja ishte aq e hidhur sa s'futej në gojë. Shtoja vazhdimisht sheqer, sa e bëra sherbet dhe nuk pihej. Dukesha e shqetësuar. Dikush përbri po më vështronte. Edhe një tjetër. Jo djallëzisht. Ja kështu. Thjesht, më vështronin. Pas pak, njëri prej tyre u përkul dhe shkroi diçka në një bllok shënimesh. Student. Pak i

E kishim lënë të takoheshim më shtatë, te kafja e njohur ("Ekziston ende?"), përballë kishës, në trotuarin e vogël. Kisha frikë të kaloja nga rrugica e ngushtë me gropat e thella dhe automjetet parkuar mbi trotuarin e thyer. Lashë makinën në parkingun e parë që ndesha dhe vendosa të eci. Koha ishte e ëmbël, dita ishte ende e gjatë. Kisha veshur këmishën me kuadrate, me mëngët e gjata, përthyer gjer në bërryl. Në mendje më vërtiteshin imazhe të saj: mbërrin herët, më herët, zgjedh një tavolinë me diell, ulet, ngurron të porosisë, nuk i pëlqen kafja, nuk di të pijë kafe. Nëse lokali ka muzikë, bezdiset, nuk do: "Parapëlqej të mendoj a cappella".

Mora kthesën dhe pashë pedonalen, kishën dhe një lypës të shpartalluar, që rrinte poshtë shkallëve. Pashë orën:

madh për student. Shkrimtar. Pashë orën e dorës. Ishte pesë minuta me vonesë. Zemra më rrihte. Je budallaqe, i thashë vetes. E njeh prej njëzet e tre vjetësh. Njëzet e tre! A s'vonohej gjithnjë? Do vijë.

Herën e parë qemë të dy paksa të hutuar. E prishi me fjalën "erdha". Çfarë "erdha"? Ishim marrë vesh të ulej përballë, në distancë. Të më vështronte. Ashtu si ai tjetri, që mbante shënime në bllok. Të vihesha në pozitë të vështirë e të hiqja sytë. Më pas të më qeraste diçka. Nga larg. Ose të më pyeste në dëshiroja të ulesha pranë tij. Por jo "erdha". E humba toruan dhe i thashë: "U vonove". Porositi një ekspres dhe për dy minuta s'shkëmbyem asnjë fjalë. Si të shmangej të më shihte në sy. Pastaj vërejti kafen time. E kuptova dhe i thashë se, përderisa kishim rënë dakord të ndryshonim gjithçka, përse të mos fillonim nga zakonet rutinore? E rrëkëlleu kafen me një frymë dhe u çua. Paguam në këmbë. Kur dolëm jashtë, serbi i krishterë po mundohej të "montonte" sërish trupin. Po ngrysej. Ecëm për pak. Mjaftonin veç disa metra

isha pesë minuta me vonesë. Mora frymë thellë dhe eca i vendosur. Rrinte me shpinë nga dera. E çika lehtë në sup. "Erdha".

Nuk munda të shtiresha ashtu siç kishim rënë dakord. Ndihesha sikur më ish bllokuar gjithë trupi, sikur rrekesha të tregoja sinqeritetin tim në një skenar stisur mbi gënjeshtrën, të ndaja aktrimin nga hipokrizia, të tregoja edukimin tim të mirë sentimental. Duhej ta pyesja para se të ulesha afër saj, të shpikja pretekste, miklime, lajkatime e të shfaqja habinë time kur të më rrëfente moshën, që kishte dy fëmijë dhe që njëri prej tyre, madje, po mbaronte universitetin. Në vend të këtyre zgjodha të befasohem nga kafja e saj e përgjysmuar. Si përherë, përgjigjen e kishte gati; një prej zakoneve që i kishim premtuar njëri-tjetrit ta ndryshonim. I thashë: "Ikim?" dhe u çova. Nuk më kujtohet në porosita gjësend. Nuk më kalonte asgjë përposhtë, një nyje më shtrëngonte fytin që në mëngjes. Në rrugë vajta ta katrorë që lagjja të gëzonte nam të keq.

kapja përkrahu, por u stepa. E çika lehtas, vetëm kur dy rrugë më tutje pashë tabelën e porsandezur të hotelit.

E enjte, 20 qershor

Po e harroj dështimin e ditës së parë. Sot, gjërat shkuan më mirë. Tipi i recepsionit më hodhi atë vështrimin e tij. Ndoshta më mbante mend. Ndoshta s'e mbaja mend unë, edhe të ishte një tjetër. Morëm ashensorin dhe, sa u hap, na u shfaq përballë 112-a. Herën e kaluar ishte në katin e dytë. I njëjti dekor, i njëjti ndriçim. Rozë e i gjelbër, dhe i mugët. Erë trupash të dorëzuar. Në mur, një çift lakuriq i kapërthyer kitch. Kornizë rokoko. Në dhomën tjetër s'pashë ndonjë pikturë. Ndoshta s'kishte. E sigurt që s'kishte. Do ta mbaja mend. Sikurse mbaja mend televizorin e vogël. Në recepsion, bashkë me çelësin, të japin edhe telekomandën. Herën e parë nuk e ndezëm. Herën e parë nuk bëmë asgjë.

Rrija në shtrat dhe mundohesha të mos e vështroja, por ndieja hijen

Kësaj radhe më priste në këmbë, në rrugë. Bënte vapë, por ajo kishte veshur atë që i kisha thënë: fund të shkurtër, një bluzë të pambuktë dhe një fëshfëshe të lehtë, lidhur në mes në mënyrë të çrregullt. Iu afrova dhe e pyeta: "Lila?". Arriti të mbyste menjëherë të qeshurën, para se të më thoshte "po". "Jam Stathi". E zura përkrahu dhe kaluam përballë. Një shkronjë nga tabela e ndriçuar e hotelit ndizej e shuhej mekët. "Po ju digjet B-ja", i thashë recepsionistit, duke treguar drejt hyrjes, sa për të thyer akullin. Nuk e kuptoi dhe më pa siç sheh dikush që s'kupton çfarë i thua. Më dha çelësin dhe telekomandën e televizorit. "112-a. Në të parin". U ngjitëm me këmbë.

Herën e parë nuk bëmë asgjë - dështim i plotë, sabotazh rezultuar nga e tij të më lëvizte përbri dhe nga pas. "Nuk do zhvishesh?", më pyeti me një zë ndryshe. U çova. Hoqa fëshfëshen dhe këpucët. Gjithnjë pa e parë. Nuk shihja ç'bënte, ndodhej pas meje. U ula sërish në shtrat dhe u ktheva ta shihja. Ishte në këmbë dhe lakuriq. Por jo krejt lakuriq. Kish veshur mbathjet që i bleva për Krishtlindje, të bardha me ca figura. Ka vënë pak bark - nuk bën stërvitje.

Më erdhi përpara. Më kapi lehtë pasqafe dhe më tërhoqi drejt vetes. Buzët e mia i prekën lëkurën. Mbante ende era "Jani". Pas pak u gjunjëzua mbi moket. Ngriti pakëz sytë dhe ndesha vështrimin e tij. Ngjiti duart drejt gjinjve të mi dhe i përkëdheli mbi bluzën e pambuktë. E ndiha të ma hiqte. U përkul dhe më puthi thithkën. Iu mbështeta pas. Pas pak dora e tij depërtoi nën fundin tim. U habit.

hutimi ynë. Qëndronim në mes të dhomës dhe dëgjonim zhurmën e ashensorit dhe zukatjen e lehtë të kondicionerit. Kur i kërkova të iknim e ta përsërisnim pas pak ditësh, më tha që të rrinim edhe pak, që mos t'u jepnim shkas komenteve të të tjerëve. Dhoma e sotme nuk kishte kondicioner. Hoqa rrobat me ngut, me përjashtim të mbathjeve. Nuk më shihte, por unë desha të më shihte, të shihte që kisha veshur dhuratën e saj. Trupi ka filluar të më prishet - nuk më shkonte.

Më kujtohet, ashtu siç po rrinte mbi shtrat, u ula në gjunjë para saj dhe e zhvesha. Përpiqesha mos t'ia ngatërroja emrin dhe thashë Lila e sërish Lila, tri-katër herë, thua se s'kisha mënyrë tjetër si ta pushtoja këtë emër të rremë, si ta bëja timin, në çastin që një tallaz i harruar ngjizej sërish brenda meje si stalaktit, në çastin që duart e mia gjurmonin vija gjeometrike të njohura e të panjohura të trupit të saj, në çastin që me një trazim djaloshar zbulova që nën fundin e saj nuk vishte asgjë.

E hënë, 1 korrik

Bie shi. Sot që bie shi, nuk e kam veshur fëshfëshen. Shkoj menjëherë në hotel dhe kërkoj 112-n. Pres ta pastrojnë. Një çift po zbret shkallët përqafuar. Çifti që ndyu 112-n. Vajza rrezaton. Djali ngjan me birin tonë. Vallë, të ketë ardhur ndonjëherë këtu? Dera e dhomës është e hapur. Siç hyj, ndeshem me pastruesen që i hedh banjës një sy të fundit dhe del me dengun me çarçafë. E huaj. Më vështron shkarazi. Me një vështrim të përulur, por edhe të çuditshëm. Kushedi ç'mendon. Nuk e di në ç'gjuhë mendon, në ç'gjuhë më gjykon. Mbyll derën pas meje me një ndjenjë superioriteti të brishtë. Zhvishem dhe shtrihem në krevat.

Kisha lënë ndezur vetëm abazhurin e murit mbi krahun e tij. Edhe dritën e banjës, që rrëshqiste nën derë. Siç hyri, i rrëzëllyen sytë. S'kish asgjë të

E hënë me shi. "E kanë fajin eksperimentet bërthamore", më tha kamerieri. "Shkatërruan ekuilibrin e atmosferës". Ekolog. Vajta t'i thosha se edhe unë, në këtë fazë të jetës, eksperimente ekologjike po bëja. Mbërrita herët dhe thashë të pija ekspresin tim, që të karikohesha. Kafja rrëshqiti në ezofag me hidhësinë e njohur. "Jam mithridatizuar"[1], i thashë njëherë. "As molla e helmatisur s'më bën efekt". U nisa drejt hotelit me një frymë. "Zonja ju pret te 112-a". Sa të rregulloja pak frymëmarrjen, shtypa butonin e ashensorit, që zbriste nga kati i tretë. Kushedi se kë ngjiti në qiellin e vet. Një muzikë e shpifur e përkeqësonte edhe më tepër estetikën e rrënuar të ambientit. Dera e dhomës ishte gjysmë e hapur.

Gjysmerrësirë dhe sytë e saj rrëzëllenin. Hoqa teshat me nxitim kanosës dhe i flaka në dysheme. Teksa iu afrova, ngriti çarçafin deri në

---

[1] Quhet praktika e vetëmbrojtjes nga efekti i menjëhershëm i helmit, përmes marrjes së tij në doza të vogla, që nuk kanë efekt vdekjeprurës.

hareshme. Donte ta kem frikë. Doja ta kisha frikë. M'u afrua i tëri lakuriq dhe më vështroi. Si herën tjetër. Jo, jo si herën tjetër: më kapi pasqafe e ma mbështeti kokën mbi barkun e tij. Edhe më poshtë. Buzët e mia rrëshqitën në lëkurën e tij, ngecën në qimet e organit. Gjuha lëmonte ashpërsitë, ndeshi "mikun" e krekosur. Më mbyti. Më thoshte fjalë. Pas pak, i panjohuri më tërhoqi fort drejt vetes, gati pacipërisht. Nuk thashë asnjë fjalë. U vesh e iku. Pacipërisht.

qafë - Sabina para së keqes. Më eksitonte ky gjest i kotë vetëmbrojtës, që kishte diçka verbuese; vel i padobishëm prej linoje, që u shpalos në gjithë bardhësinë e vet. Familjariteti u shpërnda në thërrmija frike dhe vetëm copëza besimi të vagullt mbijetonin ende nën strehën e rolit. E nënshtrova ashtu siç e kisha përllogaritur: duke i marrë edhe pengun e fundit, zjarrin e fshehtë, që pandehte se e kish varrosur thellë dhe ishte i papushtueshëm. Më pas e bëra timen, si të mos e kisha patur kurrë më parë.

E martë, 9 korrik

Takimi ynë ishte në recepsionin e hotelit. Mbërrita e dyta. Hera e parë që mbërrij e dyta. Qëndrova për pak në trotuarin kundruall dhe hamendësova se cila nga dritaret me qepenat e mbyllura ishte 112-a. "B"-ja e tabelës po jepte shpirt. Ia përmenda recepsionistit dhe i kujtova se e kishim paralajmëruar. "Ju kemi paralajmëruar". Kemi. Më siguron që do e marrë përsipër. Kur i kërkoj çelësin, më thotë: "Zotëria" dhe ma tregon të ulur në kanape, mes

Mbërrita i pari në hotel dhe zura muhabet me recepsionistin. Më tha që punët shkonin mirë dhe që kishin ndërmend të rinovonin ambientet e brendshme dhe të instalonin kondicionerë në të gjitha dhomat. "Më falni nëse ju dukem i pavend, por 112-a nuk... dua t'ju them... nuk ju shqetëson fakti që s'ka kondicioner? Nuk keni vapë?". Kishim vapë. Herën e fundit, djersa më kullonte mbi fytyrën e saj dhe ia ndieja duart të më rrëshqisnin nëpër formikës[2] e luleve plastike.

E pyeta pse s'u ngjit sipër, më pyeti pse u vonova. I thashë që kisha ca probleme me shtëpinë, nuk mundesha të ikja, burri. Më tha të mos ripërsëritej, u çua e shkoi drejt shkallëve. "Hajde për pesë minuta". Pasi ngjiti katër-pesë shkallë, u kthye rrëmbimthi e bërtiti: "Dëgjove? Për pesë minuta!". Recepsionisti bëri sikur shikonte shkresat e tij, çfarë shkresash domethënë, nejse. Një melodi antipatike më përshkoi veshët dhe më trullosi sistemin nervor. Për tri-katër minuta, krejt trupi im ngjau me një dhemb të mpirë, që nuk e di se ç'darë e pret.

Dhoma ishte e errët pus. Lashë derën pakëz hapur, që të hynte drita e korridorit. Edhe zëri i kumbonte i errët: "Mbylle derën!". Nisa të shquaja konture, masa, kofshë si ai mundësi që kërkon kapjet e veta. "Na pëlqen", i thashë dhe kërkova çelësin. U ngjita sipër. U shuka në kanapenë ngjyrëmustarde, me sytë nga dera.

Diç ndjeva kur e pashë të kuvendonte me recepsionistin riosh. Për herë të parë provova nga brenda një alarm të vonuar, një sirenë që fshihej ndër dhjetëvjeçarë, shenjë rreziku e humbjes dhe e tëhuajtjes, e tëhuajtjes që u bë shkak të hidheshim të dy në këtë komedi, falë së cilës ndërronim identitetet tona si gjarpërinjtë para verës, që të vishnim këmishën e dashurisë së rifituar. Kur më tha për të shoqin, u çova dhe shkova vetëm në dhomë, ndërsa në kokë më vërtiteshin trajtat e temperaturës, të pritjes e të ndëshkimit.

Shkova në dhomë dhe hapa televizorin. Në njërin kanal, dy burra e një grua, në tjetrin dy gra e një burrë. Para se ta fikja, mendova, unë, intelektuali i bythës, që

---

2 Formika është material sintetik në formë gjetheje, i hollë dhe i rezistueshëm, që shërben për të veshur mobiliet.

Shtratin. Iu afrova derisa e çika me gjunjë. Mjaft. Pa fotofinish. E kam dorëzuar me kohë stafetën. Dëgjova hapa të zbathur. Frymëmarrjen e tij. "Nuk e di se cila je, por kjo gjëja të do". Bëra të shtrij dorën pas, ta prekja me gishta, por ai ma shtyu me forcë. Duart e tij u shtrënguan rreth meje, më kapën gjinjtë. Më pas, njëra dorë u ngjit lart, më cenoi gojën. Një gisht, dy gishta, u ndërfutën si grabitës banesash. Ia thitha. Gjithë ndjesitë e mia shijuan nxehtësinë e tij. Dora tjetër depërtoi nën fund, gjeti trekëndëshin e mëndafshtë dhe u dridhërua; zbriti me lëvizje të vogla, derisa të rrëshqiste nën këmbët e mia. Më hodhi në shtrat me gjunjë dhe gulçoi. Padurimi i tij i hershëm rinor. Dhimbja e padurimit. Dhe siç ishte gati të prishej: "E di yt shoq që je kurvë?".

ndryshimi mes erotizmit dhe pornografisë është shtirja e kënaqësisë dhe e dhimbjes. U zhvesha dhe fika të gjitha dritat. Ndjeva një eksitim të panjohur dhe e ndihmova të shpërthente. E desha si i çmendur. E desha si i çmendur Lilën, gruan e panjohur të një burri të panjohur, që dashurohej në hotele të lira me preteksti të lira. Duhej ta ndëshkoja arrogancën e rebelimit të saj, ta shndërroja dorëzimin e saj në nënshtrim. Ashtu në këmbë, e pashë tek rrinte në hapjen e ndriçuar të derës, në kufirin mes të zezës epshore dhe ngurrimeve të pangjyra. Bëra dashuri me të duke ia shpërfillur krejt trupin, duke e turpëruar, që të mos e shihte fytyrën e burrit që përdhoste mbi flamurin e saj të bardhë, që i ulte çdo rezistencë, që pornografonte me murmurima të ngjirura, afër prishjes, duke britur: "E di burri yt se çfarë kurve je?".

E enjte, 11 korrik

Po bëhesha gati të dilja nga shtëpia. Tjetri ishte brenda. Mendova në duhet të dilja atëherë kur ai ishte brenda. Nuk duroj dot të më pyesë,

I kishte ndezur të dy abazhurët e murit. Qëndronte në cep të shtratit e veshur dhe qante. Mbaja një qese në dorë dhe, siç e hodha mbi nuk di çfarë t'i them. Dëgjoja teksa bënte dush, ujin që binte, ujërat që dilnin jashtë vaskës, që në kthim duhet t'i mblidhja unë, e përkulur. Fëmijët mungonin. Doli nga banja me peshqirin e mbështjellë në mes. Lëkura e tij ka ngjyrën e okrës, te qimet e gjoksit i kishin ngecur disa pika uji. Ndalova së pari. Nuk doja ta kuptonte që pak më parë e vështroja, ndërsa tani jo më. Nervozizmi im u përshfaq i gjithi në pasqyrën e dhomës bashkëshortore. Vështrimi i tij u përthye në kërcënime të vogla. Bëra sikur rregulloja flokët. Imazhi i tij zmadhohej. Erdhi e më puthi pas veshit. U tërhoqa rrëmbimthi: "Ndryshove parfum?". Nuk iu përgjigja, u mata të ikja. Më kapi nga kyçi i dorës. "Ku po shkon?". Dhe më pas, më fort: "Ku po shkon?".

shtrat, u shfaq dantella e zezë e të linjtave me një të kuqe të pështirë. Iu afrova, e kapa nga mjekra dhe i çova fytyrën. "Të goditi?". Poshtë lotëve të syrit të djathtë, mbi mollëz, një gërvishtje e lagësht, shenjë e një unaze ndëshkuese , një e çarë, nga do të mbinte tragjedia si bar i egër, një nënvizim i kuq pakujdesie drejtshkrimore në hartimin e nxënëses Marina: "Si ta shpëtoj jetën time nga jeta?", një zgjidhje e dhunshme e një vazhdimësie mishtore, një zgjidhje për vijimësinë e lidhjes, që gjente rastin të arratisej sa herë fëmijët hapnin derën e mungonin, që vithisej brenda pasqyrash të thella, të paafta të idealizonin gjithçka që kishte filluar të avullonte me shpejtësinë e aromës.

E premte, 12 korrik - mëngjes

E lamë të takoheshim në kafe. Kisha vënë syzet e zeza. Për diellin, për të nxirën poshtë syrit dhe ngaqë nuk kisha fjetur gjithë natën. "Nuk e di", i thashë në telefon, "dua të të shoh. Në mëngjes?". "Në mëngjes". Siç mora kthesën,

E dashurova qetësisht, duke e puthur në gojën nga dilnin fjalë të mëdha e të vogla, frymëmarrje të çrregullta, larë në dritën e një ëmbëlsie të beftë, teksa nga dritarja e hapur depërtonte zhurma e vapës dhe pluhuri e pashë të vinte thuajse me vrap. "Përse këtu?", më pyeti me një frymë. Nuk iu përgjigja dhe u ula në tavolinën e parë që gjeta, nën një çadër. Një reklamë më strehonte gjithë optimizëm. U ul përbri meje dhe porositi kafe për të dy. Më kapi dorën dhe ma përkëdheli. Vërejta dorën e tij: gishta të bukur, të gjatë, thoin e ngrënë në gishtin e vogël, gjurmën e unazës martesore në të mesit. I thashë që kështu desha ta shihja, nën dritën e një mëngjesi veror, para se të marramendeshim duke bërë dashuri. Më tha: "Asgjë, kurrë, asnjë tjetër, askund". I thashë: gjithçka, gjithmonë, pambarimisht, gjithkund.

i një jete të vjetër, të ngrënë në bërryla. E dashurova me përulësinë e fitimtarit dhe mirësjelljen e të humburit, duke i përkëdhelur veshin me lumturi të panyjëtuara, duke zhbiriluar me gjuhë mineralet e saj erotike. E dashurova me durim dhe kur në fund Lila klithi "foljen", lashë spazmën të më lartësojë drejt përjetësisë së çastit. U ktheva anash dhe e tërhoqa drejt vetes, ndërkohë që zjarri im njomej mes lëngjeve. E mbajta përqafuar gjatë, derisa e dëgjova të këputej e tëra nga ofshamat.

E premte, 12 korrik - mbrëmje

Keni mesazhe të pahapura në telefonin tuaj. Mesazhi i parë: "Unë jam. Më del i mbyllur telefoni, por më mirë. Nuk duroj dot më. Këtë desha të të thosha në mëngjes, ndaj të kërkova të takoheshim, por nuk munda. Nuk duroj dot më, nuk e honeps dot. Dje, natën, një ferr i vërtetë në shtëpi; vajti të më qëllonte. Sot në mëngjes më ndoqi nga mbrapa. Thuajse e dëgjoja.

Duhet të të ketë parë në mëngjes kur erdhe me një frymë; siç duket na vështronte nga ndonjë cep, gjatë kohës që pinim kafe. Më dëgjo: nuk mundem më. Ta vrasim".

E shtunë, 13 korrik

Rrija sërish kundruall dhe vështroja. Kisha veshur bluzën e pambuktë e fëshfëshen me rrip në mes, të lidhur pak keq. Kaluan dy pakistanezë. U stepën pak dhe kushedi ç'pandehën. Nuk u dhashë rëndësi. Vështrova ndërtesën me qepenat e mbyllur tërësisht, ngrehinën me ofshamat, me mbështjellësen e terrtë të erosit. Një punëtor, që varej nga ballkoni i katit të tretë, ndryshonte germën e djegur "B" të tabelës. Bëra të iki dhe rishtas u ktheva të shihja, Grua e Lotit pa Lotin[3]: hoteli "ripagëzohet" nën dritën e muzgut. Tashmë, askush s'do e quajë NE RASKA.

Shqipëroi Eleana Zhako

---

3 *Në Bibël rrëfehet se gruaja e Lotit, në kundërshti nga pjesëtarët e tjerë të familjes, në kohën që largoheshin nga Sodoma, nuk iu bind urdhrit të Perëndisë që të mos e kthente kokën mbrapa dhe u shndërrua në shtyllë kripe.*

Rrëshira e zezë

AGRON TUFA

Ti je prore në oborr, në bedena, në karakoll, me sy të ngjeshur - në tejqyrë - andej nga pritet rëndom shfaqja e armikut në horizont; grupet e maskuara si bujtarë, si lypës endacakë; e hordhive të rrezikshme që mësyjnë etj., etj. Është mirë t'i kesh në vrojtim.

Është mirë t'i mbash nën shenjën e harkut të tendosur, nën hobe gurësh, nën vrullin e mëzdrakut, vërvitjen e topuzit. T'i dërmosh mizorisht para se t'kenë shkelur truallin tënd. Para se gjëma e huaj t'u avitet portave të tua. Është mirë ta kesh syrin fajkua.

Ndaj përforcon ledhet, ndërron rojat, stërvit qentë të nuhasin së largu erën e huaj. Stërvit zogjtë t'u bien qark me elipse inspektuese rrethinave. Mban nën kontroll të rreptë tokën dhe ajrin rreth fortesës – madje dhe lumin përposh, që nuk përcjell vetëm ujin e borës së shkrirë të majave, por dhe peshq, peshq të panjohur, të rrezikshëm.

Je i qetë, i kënaqur, meditativ pothuaj, i sigurt me pamjen përpara, i sigurt për paqen brenda fortesës; brenda mbretëron idila e qetë familjare, paqja e ëmbël dhe dashuria e mistertë, e ndrojtur, fjalëpakë, që rrjedh e rrëkëllehet nënshtrueshëm në damarët e tu me butësinë e kadifenjtë të verës së re.

E gjumi yt, hera-herës dridhërohet prej hijesh e njollash si një hartë e vjetër lufte. E zhubrosur. Duart e tua nervoze tradhtojnë pikërisht në vende enigmatike komplotesh të paqarta. Gjumi, si gjumi... Shakrrëzime ëndrrash. Mbase prej gjithë asaj vigjilence në horizontin jashtë fortese.

Dhe ditët përsëriten me zgjatimin e shikimit përpara:
"A mos patë dikënd të afrohet?".
"Jo, kryezot, askund frymë e gjallë!".
Venë e vijnë oborrtarët, pazhët, shërbëtorët. Prapa shpinës tënde bie mbrëmja, ndizen shandanët, luhet muzikë. Qeshet.

Festohet. Po ani... Le të mos pushojë hareja atje. Se... përse bën sogje?

E prapa krahëve, atje brenda, gjithashtu vigjilon dikush nga të tutë. Prapa fortesës, atje, dikush ka patur kohë të bollshme ta krehë, ta lëmojë e mandej, pak e fije ta gudulisë, ta kashaisë pelën tënde, t'ia hipë e t'ia mbysë hingëllimat me pëllëmbë. Ka kohë që kalëron mbi të me një galop të makthshëm, turbullues e të zjarrtë.

E çdo ditë, çudi si s'pëlcasin prej dehjes edhe muret e trasha të bodrumit të errët! Vështrimi yt platitet me vijën e horizontit. Po kurrsesi të rrokë muret e bodrumit, që kullojnë rrëshirë të zezë.

29. 04. 2021

Cikël poetik

ALISA VELAJ

Jehonë

Në atë ishull, jo vetëm ajo është shtëpi.
Ka zogj e kaltërsi tej e ndanë atje.
Tokë e vogël, e vogël sa një këngë fëmije.
Fëmija këndon e hutohet fëmija.

Shtëpia e ishullt ka mjegull përmbi.
Mjegull anekënd shtëpisë.
Fëmija hutohet e ngazëllen nëpër këngë.
Pulëbardhat ia jehojnë zërin brigjeve.

Me zëra deti ngjizen foshnjat dhe ishujt.
Me zëra deti jehonave të ishullit.

Epikë për një dre

Janë ujëra të shkrirë bore, ujëra të shkrirë bore.
Liqen i qashtër ujërash kristalore.
Natyrë e përsosur, e ndritur si teh thike.
Dreri sheh veten në syprinën e qelqtë të liqenit dhe hesht.
Ngrica i strehoi dikur një vëlla.
Feks ndoshta dhe ai në shpirtin e ujanës.

Ngrita kokën dhe pashë -
ai dre ishte nisur për tek unë.

Mërgim i pabujë

E rrëkëllen për çdo mëngjes një lëng portokalli,
me sytë e saj blu përhumbur tejdetit.
Pulëbardhat atje rrëkëllejnë ujëra nëpër fyt,
ujëra me copa dielli, ngjyrë portokalli.

Nëpër fyt të ditës, ajo e lodhur nuk di ku të mërgojë.
Diku ku të ketë shpendë,
që i ndjellin të tjera pamje.
Shpendë të amullt mendimi,
me këngë të zvarritura për diellin.

Rebeka kullon natë,
heshtje pemësh dhe çaj hithre.
Kryet e mbrëmjes mbështeten supeve të saj.
Mbrëmja është burrë që lëngëzon vetmi.

Ajo këtë nuk e di.
Ajo vetëm pi lëng portokalli
dhe hesht e hesht, me një durim prej brigjesh.

Ajo patjetër do t'ia mbathë në ndonjë muzg,
me gjakun e saj nëpër kapilarë.
Mbase gjaku nuk do të këndojë,
buçitja do të jetë e shurdhër
dhe mërgimi do të jetë i pabujë...

Ai do të vijë

Dikush do të vijë.
Pema ashkla-ashkla është, po të shpërbëhet.
Dikush me kujtesë lumi do të vijë.
Nëpër netët e tij, trungjet mbi ujëra
lundronin atypari vetëm në heshtje.
Ai kurrë nuk u ngriti himn atyre, kurrë!
Dikush do të vijë dhe ne nuk do të jemi njësoj.
Dikush me krahët si degë të harlisura rreth shtatit tim.
Për çdo trung të përmbytur ujërave, ai mbjell një tjetër pemë.
Ai do të vijë.
Ai që rri zgjuar nga zgjimet e lumit.

Mjafton një shenjë,
ashtu kalimthi,
si rrezja e vetme e dritës,
mbi një muranë vetmie
mes qiparisave.

Një shenjë ndoshta e padukshme,
si pëllumbi mbi kryq,
një mesditë të zakonshme,
kur guguftutë e mëngjesit,
këngën ngujuan në gjoks.

Një shenjë, i dashur, një shenjë,
si uji i gjallë i së dielës -
pikë e vetme vese,
mbi syrin tim të djathtë!

TT -Tregimet e tranzicionit

STEFAN ÇAPALIKU

Që prej vitit 1992, pra në kohën kur edhe këtu ra komunizmi, fituam edhe ne lirinë e fjalës dhe të protestës. Me këtë rast, fati i familjes sonë ndërroi kryekëput. Nuk qemë më fshatarë pa kurrgjë mbas shpirti. Erdhëm edhe ne në qytet. Diku anash Tiranës. Nuk kishte emër ai vend. Edhe sot që jemi bërë shumë shtëpi, vendin e thërrasin te "Ura numër 8". Pra, kur më pyesin prej nga jam, detyrohem t'i them se jam banor i "Urës numër 8" dhe kur dikush do të dijë diçka më tepër rreth vendbanimit tim, atëherë i them se banoj ngjitur me "Urën numër 7".

Siç jua thashë pra, kur erdhëm, ishim të varfër sa s'kishte ku të shkonte më. Por kjo gjendje për fat zgjati vetëm rreth dy muaj. Zgjati kaq pak, sepse demokracia që po instalohej në vend kishte nevojë për punëtorët e vet. Kësisoj, gjënë e parë që mësuam qenë protestat. E thënë troç, familja jonë u punësua ndër protesta dhe demonstrata.

Në protesta na jepnin lekë. Ngandonjëherë edhe mallra, si puna e thasëve me miell, makaronave, sheqer, vaj, shkrepëse, etj., por ne preferonim lekë. Dinim vetë pastaj se ç'bënim me to.

Protestonim për gjithçka, por kryesisht për llogari të partive politike. Pastaj kishte raste kur ngrinim zërin edhe në mbrojtje të të drejtave për integrim të ish-të përndjekurve politikë, për llogari të sindikatave të pavarura, për hesap të shoqatës së të verbërve, për mbrojtjen e votës së lirë, për çështjen e Çamërisë, deri edhe për çështjen e të drejtave të njeriut.

Ishim shtatë djem dhe një motër, Sabaheti. Nëna na kishte bërë në krye të çdo viti. Nuk e di tamam si thuhet: më i madhi nga ne ishte motra, apo më e madhja nga ne ishte motra? Por gjithsesi, nëna e kishte nisë me një motër, prandaj im atë qe nevrikosur dhe s'kish ditur të ndalej në kërkim të djalit, derisa i kishte rënë infarkt, ndërsa gjendej mbi të gjorën nënë. Nëna tregon se kur e varrosën tim atë, kishte turp të tregonte nga se vdiq. "Vdiq duke na siguruar bukën e gojës", kishte nxjerrë fjalë nëna.

Por le të kthehemi edhe njëherë te familja e mbetur. Fëmija i parë mashkull qe Selimi, i dyti Sabahu, i treti Salihu, i katërti Sabriu, i pesti Sadiku, i gjashti Satedini dhe i shtati unë, Saimiri. Edhe kjo puna e emrave kishte mbetur njëfarë misteri: pse të gjithë thirreshim me "S". Nënës nuk i kujtohej ky detaj. Babai nuk qe më që ta pyesnim, kështu që mbetëm pa e shuar këtë kuriozitet. Ende të etur për dije, me një fjalë.

Siç ju thashë në krye, kur erdhëm në Tiranë, më 1992-shin, Selimi ishte njëzetë e tre vjeç, kurse unë i shtati, shtatëmbëdhjetë vjeç. Në mesin tonë vërdalloseshin ata të tjerët. Kamioni që na solli, mbante në kabinë shoferin, nënën dhe motrën. Ne të shtatë rrinim në rimorkio me dy dërrasa, tre thasë çimento, tetëmbëdhjetë bllogë betoni, dy batanije dhe një kovë. Kaq qe e gjitha. Pra, me pak fjalë, çdo gjë e nisëm nga zero. Me rëndësi, siç thoshte edhe nëna, ishte se jetonim me djersën e ballit dhe nuk i kishim borxh askujt.

Më kujtohet si sot se në protestën e parë na çoi Marku, përgjegjësi i grupseksionit të Partisë së Gjelbër dhe pastori i kishës së të "Shtunës në darkë". Protestuam për kthimin e pronave të kishave dhe xhamive. Me këtë rast, kisha e re e Markut mori dy dhoma te ish-qendra shëndetësore.

Zakonisht, ne shkonim që të shtatë nëpër protesta, derisa erdhi një ditë që dikush ia rrejti mendjen Selimit të bëhej polic. Polic ishte zanat i mirë për të. Kishte rrogë, qe i siguruar dhe, ç'ishte më e rëndësishmja, hante në mensë. Kur hyri Selimi polic, u duk sikur rripit të shtëpisë iu lirua një vrimë. Nisëm të merrnim frymë paksa më lehtë.

Mirëpo e keqja më e madhe ndodhi kur ne, gjashtë të tjerët, po shkonim për të protestuar para kryeministrisë, në mbrojte të drejtave të grave punëtore, në datën 8 mars të vitit 1993. Ishim që të gjashtë në ballë të protestës, se na kishin paguar mirë disa burra të një shoqate suedeze. Kur, ç'të shohim?! Në rreshtin e parë të policëve, me shkopinj gome ndër duar, rrinte Selimi. Njoha buzëqeshjen e tij hakmarrëse, që më qe fiksuar që i vogël, kur i pata marrë djathin-bebe nga pjata. E mbaja mend atë të rrahur gjer më atë çast, kur nisi e rrahura tjetër, kjo më e rrepta, kjo me shkop gome. Siç u mor vesh më vonë, Selimi i kishte rënë me shkop gome edhe Sabahut, Salihut dhe Sabriut. Vetëm Sadiku me Satedinin kishin shpëtuar paq.

Merret vesh se sherri që u bë në shtëpinë tonë ishte i madh. "Po si more burrë i re sa munde me shkop vëllezërve të tu?! Po a të erdhi ndopak marre?!". Këto ishin pyetjet që i bëri nëna në darkë vonë, kur Selimi u kthye nga puna. Pastaj ajo, siç e kishte pjatën e kosit, ia dha Selimit kokës. E bëri gjak. Që prej asaj nate, Selimi u nda prej nesh dhe shkoi të flinte në repart.

Mirëpo kjo punë kishte qenë vetëm fillimi, sepse disa javë më vonë u bë polic edhe Sabahu, i dyti. Sabahu kish kërkuar vetë të shkonte në të njëjtin repart me vëllanë e madh. Kështu që, më 1994-n, kur ne vajtëm të protestonim për llogari të shoqatës së minoriteteve, që na dhanë nga një kuti pesë litërshe me verë "Vranac" dhe nga një stekë me cigare "Papastratos", i gjetëm të dy në rresht të parë. Kësaj radhe, ata rrahën vetëm Sadikun me Satedinin, që kishin shpëtuar nga rrahja e parë, dhe natyrisht mua.

Dhe kështu skenat nisën t'i ngjanin pikave të ujit. Familja po përjetonte një skemë zhvillimi social-ekonomik në formë spiraleje. Rrathët përsërisnin njëri-tjetrin, por në një nivel gjithnjë e më të lartë. Si susta, pati dashur ta shpjegonte Sabaheti skemën në fjalë, por nuk e la nëna të vazhdonte, sepse, atë çast, asaj i ngeli në fyt një kockë pule, nga e cila edhe vdiq.

Në vdekjen e nënës nuk erdhën as Selimi, as Sabahu dhe as i treti, Salihu, që sapo qe mobilizuar polic në të njëjtin repart. Të tre ata i kishin dërguar të shtypnin një protestë në Vlorë, ku demonstrohej kundër ndërtimit të ujësjellësit, që do furnizonte Brindizin dhe Leçen.

I katërti prej nesh, Sabriu, u dorëzua polic pa pritur që të kthehëshin vëllezërit nga Vlora. Kjo ngjarje natyrisht që prishi ekuilibrat në familje. Qenë bërë katër që shtypnin protesta dhe tre që protestonin. "Do bashkohem unë me ju", tha Sabaheti, "dhe bëhemi katër me katër". M'u dhimbs. Ishte hera e parë që ime motër më dhimbsej në shpirt. Doja njëherë t'i thosha: shko moj motër e kap ndonjë mashkull më mirë sesa të mendosh për këto punë, por thashë se mos e bënte rrugë dhe e lashë në të vetën.

    Por tani, pas shumë vitesh, mbasi u bënë policë edhe Sadiku me Satedinin, kemi mbetur veç unë me motrën në shtëpi. Unë çoku dal ndonjëherë në protesta, kurse Sabaheti shkon përditë te kisha e së "Shtunës në darkë".

22.01.2021

Vdekja e Shkëlqesisë së Tij, ish-ministrit

NAWAL EL SAADAWI

"Një ministër si unë duhej të ishte vigjilent, si nga trupi dhe nga mendja, që të nxirrte fakte të sakta nga informacioni i pasaktë.".

Ma vër dorën mbi kokë, nënë, siç bëje kur isha i vogël. Ti je e vetmja qenie njerëzore që më ka mbetur në këtë botë. Për njëzet vjet të gjatë nuk më qortove kurrë që nuk erdha të të shoh. Por nuk të ndenja larg veç ty; tepër i zënë për t'i kushtuar vëmendje botës përreth meje apo qoftë edhe vetvetes. Ime shoqe dhe miqtë e vjetër të fëmijërisë e pësuan njëlloj. S'pata kohë as të shoh time bijë. Mezi gjeta pakëz kohë të këqyrja veten në fytyrë. Para se të dilja, hidhja një shikim të shpejtë në pasqyrë, veç të rregulloja kravatën e të sigurohesha që ngjyrat e këmishës dhe kostumit shkonin.

Nuk ndjeva kurrë sikur po jetoja në këtë botë, nënë. Do mundja të jetoja në një botë tjetër pa vdekur vërtet? Do mundesha të vdisja pa nekrologji nëpër gazeta? Kur vdesin ministrat e shquar si unë, në të gjithë vendin botohet, sigurisht, një nekrologji e gjatë. Me po kaq siguri do të ketë edhe një kortezh funeral solemn, ndjekur nga rreshta e rreshta zimbajtësish. Në mes të radhës së parë do jetë vetë i Madhi, me një kravatë të zezë; me zor do fshehë lotët pas syzeve të errëta. Një skenë e tillë më ka mbushur shpesh me ngazëllim e frikë, aq sa e dëshiroja vërtet të isha shtrirë në arkivolin që rëndonte mbi shpatullat e njerëzve.

Isha plotësisht i ndarë nga bota jote, nënë; një barrë kaq e rëndë për trupin dhe mendjen time. Nganjëherë lodhja më bënte të ndalesha nga mundimi, por mendja vazhdonte punën. Nga ana tjetër, mendja më lodhej shpesh, aq shumë, sa që pushonte e heshte plotësisht, ndërsa trupi vazhdonte punën; lëvizte këtu dhe atje, shkonte në zyrë e kryesonte takime ose konferenca; priste delegacione në aeroporte, merrte pjesë në festa ose udhëtonte jashtë në misione të nivelit të lartë.

Mahnitesha kur shihja trupin tim të lëvizte vetvetiu pa ndërhyrjen e vetëdijes. Shqetësohesha veçanërisht kur kjo ndodhte gjatë takimeve të rëndësishme, që kërkonin përqendrim dhe vëmendje. Të vetmet takime të rëndësishme kryesoheshin nga vetë i Madhi. Që kur nisa të punoj në shtet, urreva të jem në vartësi të dikujt. Por u kujdesa ta mbaja sekret urrejtjen ndaj eprorëve, ta ruaja mirë, duke e shfryrë zemërimin vetëm te vartësit e mi në zyrë ose te gruaja në shtëpi, siç bënte babai shpesh me ty.

Kurrë nuk turfulloja para eprorit në punë, edhe kur ishte zyrtar i zakonshëm, lëre më me kreun e shtetit! Ulesha në karrige, me trupin dhe mendjen në vigjilencë dhe gjithë shqisat gatitu. Shqetësohesha gjithnjë se mund të më pyeste për diçka që nuk kisha përgjigje. Por edhe po ta dija përgjigjen, prapë shqetësohesha, sepse përgjigja e saktë, për dreq, mund të mos ishte e duhura.

Mësimi i parë në politikë është se përgjigjja e saktë nuk është domosdoshmërish përgjigjja e duhur. Përgjigja e duhur, nga ana tjetër, është gjithmonë përgjigjja e saktë. Një ministër si unë duhej të jetë vigjilent, si nga trupi dhe nga mendja, që të nxjerrë fakte të sakta nga informacioni i gabuar. Kjo është shumë e vështirë. Ulur në mbledhje, dora ime e majtë mbështetej e ngrirë në prehër, kurse e djathta mbante penën gati mbi letër. Duhet të isha gati të vëreja çdo gjest të rastësishëm, çdo lëvizje thuajse të padukshme të kokës, çdo lëvizje të fshehtë të dorës, gishtit apo buzës së poshtme kur mblidhej a shtrihej, ose çdo dridhje tjetër të muskujve rreth gojës, hundës ose syve. Arrija ta dalloja lëvizjen thuajse para se të ndodhte. Mendja ime ishte e shpejtë në deshifrimin e çdo gjesti të tillë, por, në ditët më të mira, sytë ishin të shpejtë dhe veshët më të shpejtët nga gjithë shqisat, sepse arrinin t'ia dëgjonin zërin para se të shqiptonte edhe një fjalë të vetme.

Ulur në karrige, trupi, mendja dhe shpirti bashkoheshin si një masë e ndjeshme nervash: tela të zhveshur radarësh, që ndërthuren rreth njëri-tjetrit. Koka, krahët, gjoksi dhe barku më dridheshin sikur të përshkoheshin nga një rrymë e vazhdueshme elektrike. Sa herë që pata fatin t'i isha pranë, dora e djathtë më dridhej edhe pse e mbaja fort me të majtën. Kryqëzoja krahët mbi gjoks ose bark. Kudo që isha, ulur apo jo, këmbët i mbaja të mbyllura fort, si virgjëreshë e ndrojtur.

Është një fotografi e imja ku jam në krah të tij. Kur vëmendja u përqendrua mbi ne, u përpoqa të ndryshoja qëndrim. U mundova të ndaj dorën e djathtë nga e majta dhe të shkëpusja njërën këmbë nga tjetra, por gjymtyrët më ishin ngurtësuar e ngrirë. Kur u botua kjo fotografi, u ndjeva aq në siklet sa që e fsheha gazetën edhe nga familja, veçanërisht nga vajza. Kur e pa, tregoi me gisht fytyrën time midis zyrtarëve të tjerë të lartë të qeverisë dhe i tha së ëmës: "Ky nuk është babi, o ma!".

Por ajo, me krenarinë e gruas së një njeriu të madh, iu përgjigj: "Babai yt është, e dashur, Shkëlqesia e Tij, Ministri, në rreshtin e parë, në krah të Presidentit.".

Asnjëherë nuk kam ndjerë aq turp nga vetja sa para sime bije. Sytë fëminorë i ishin hapur tani dhe ajo më pa për atë që isha; ma zbuloi sekretin. Ti nënë më thoshe shpesh se fëmijët kanë kontakte të afërta me të mbinatyrshmen. Më trembi ai vështrim i syve të sime bije. Ish një shikim i vëmendshëm, qesëndisës, shumë ndryshe nga shikimi që fëmijët normalë i hedhin baballarëve. Edhe kur është i korruptuar e i shthurur, babai është gjithnjë baba.

Babai im ishte një kurvar, pijanec e bixhozçi. Por në sytë e tu ishte si zoti, apo jo? Tët bir e konsideronte si këlysh të vogël, që me kohën do rritej e bëhej luan si i ati. Tamam luan u bëra, nënë! Tiran isha, si në punë edhe në shtëpi. Sa më të bindur e të nënshtruar i kisha vartësit, aq më shumë më pëlqente dhe e admiroja veten. Gjithë jetën askush, grua a burrë nën autoritetin tim, nuk më kundërshtoi kurrë.

Me përjashtim të një të reje që më erdhi në zyrë një a dy muaj para fillimit të revolucionit.

Me të e humba drejtpeshimin. Kjo, jo sepse ajo nuk ish dakord me mua, as sepse ishte një e re e papunë njëzetvjeçare, që guxoi t'i fliste drejt Shkëlqesisë së Tij, Ministrit. Më pak akoma se si femër që ishte, guxoi të fliste me një burrë ose injoroi e nuk m'u drejtua me titullin e respektin që më përket. Jo, më zuri në befasi kur thjesht më pa drejt e në sy, me këmbëngulje dhe pa frikë. As një burrë i mirë nuk do guxonte të këqyrte me kaq ngulm, lëre më një grua.

Më intrigoi vërtet dhe u tërbova fare, por jo aq ndaj saj sesa me veten. Më pushtoi zemërimi dhe të nesërmen i çova një urdhër-thirrje. E mbajta në këmbë para, ndërsa vetë, ulur pas tavolinës, mbështetur e rehatuar në karrige, qeshja me telefonin në vesh.

Desha ta bëja të ndihej pa vlerë. Qesha e u talla, por vajza e re nuk lëvizi nga e saja. U vërdallos nëpër zyrë sikur të mos isha fare aty, aq e qetë sikur të ish në shtëpinë e vet. Këqyri pikturat në mur, u ndal te njëra dhe tha me qesëndi: "Lulëkuqe?".

U përpoqa të shqyrtoja me kujdes tiparet e saj para se të kthehej nga unë, me vështrimin e mprehtë që më shpoi kafkën. Para saj ndihesha krejt i zhveshur, lakuriq. Tek kujtova reagimin e sime bije ndaj fotos dhe shprehjen në fytyrën e saj, zemërimi veç m'u shtua. Nuk u solla më si zotëri. Duke tundur dorën, i fola me zë të lartë: "Kush je ti? Pavarësisht se kush, s'je asgjë tjetër më shumë se grua. Vendi yt është poshtë burrit në shtrat.".

Një grua normale do të kishte vdekur nga turpi po të dëgjonte ato fjalë, por ajo as që u skuq fare. As qerpiku s'i lëvizi!

Tragjedia ime e vërtetë nuk është se humba karrigen në qeveri, por se humba atë femër.

Atë mëngjes të tmerrshëm hapa gazetën dhe nuk e gjeta emrin tim në kabinetin e sapoemëruar. Papritmas u ndjeva i hedhur tutje, sikur të më kishin fshirë nga regjistrat e të mos kisha më as emër. Telefoni që binte ditë e natë, papritmas heshti. Më braktisën të gjithë.

Atëherë kuptova që zilet e vazhdueshme të telefonit, që më parë më dukeshin si një bezdisje, nuk më paskëshin shqetësuar aspak. Isha aq i varur nga ato zile sa ndaj alkoolit, grave, pushtetit e pasurisë. A nuk janë gjithë kënaqësitë e dhëna nga zoti për ne, burrat? I kërkova kënaqësitë e zotit pa pushim, pa u ngopur kurrë edhe sikur të kisha dyzet pallate e dyzet gra.

Po, nënë, i shpërdorova kot dhuratat e zotit. Atë ditë të

mjerueshme e fatale, në një mbledhje të kabinetit të kryesuar nga i Madhi, isha i sigurt se isha ulur në atë karrige, por ama po aq i sigurt se ulur aty, vërtet, nuk isha unë. E pata të pamundur të përqendrohesha. Pyesja veten se pse, ulur edhe atë ditë siç kam qenë gjithmonë, gjithçka ndihej krejt ndryshe. Pyesja veten nëse isha vërtet ulur aty apo dikush tjetër. Cili isha vërtet nga këta dy njerëz? Aty kuptova se shkaku i dilemës sime ishte ajo revolucionarja e re. Që kur e pashë ditën e parë, nuk e hiqja dot nga mendja.

Nuk qe as bukuroshe, megjithatë bëri të jashtëzakonshmen: m'i gërreu të gjitha bindjet që kemi mbajtur gjithë jetën.

Dora ime e djathtë mbante penën mbi letër, gati për çdo sinjal apo fjalë nga Shkëlqesia e Tij. Por, për dreq, ai vuri re lëvizjen e dorës sime të majtë. Ktheu sytë nga unë. Më bëri një pyetje. I dija, si përgjigjen e saktë, ashtu edhe atë të duhurën, por të dyja më trembnin shumë.

Nuk e di se kush e dha përgjigjen. Kur sytë e të Madhit u kthyen nga unë, u drodha deri në zemër. Pavarësisht nëse ishte apo jo nga ethet apo fiksimi me gruan e re revolucionare, isha plotësisht i hutuar. Ulur aty, gati si një statujë, i ngrirë. Shikimi i tij m'u ndje i rëndë si vdekja. Kur më bëri pyetjen e dytë, përgjigjja ishte e thjeshtë dhe e vetëkuptueshme.

Por, nënë, përgjigja e saktë nuk ishte ajo e duhura. Si e harrova vallë? Si më çoi drejt vdekjes? Nuk po mbaj zi, nënë; i gëzohem paqes dhe shpëtimit të përjetshëm. Peshën mbi gjoks nuk e ndjej më. I lumtur i them lamtumirë kësaj bote. Por, katastrofa e vërtetë është se, me gjithë paqen që ndjej tek lë këtë botë, prapë mbaj një telefon afër e pres të bjerë. Para se të vdes, pres që sikur edhe një person i vetëm të më telefonojë dhe të thotë: "Shkëlqesia Juaj, Zoti Ministër".

Shqipëroi nga anglishtja Dritan Kiçi

INTERVISTË ME SHKRIMTAREN DHE PËRKTHYESEN

Ana Kove

> *Ana Kove, shkrimtare dhe përkthyese, është diplomuar në filologji, në gjuhën shqipe dhe gjermane. Është një nga emrat më të rëndësishëm në përkthimin e letërsisë gjermane në shqip dhe një shkrimtare e vlerësuar nga kritika dhe lexuesi shqiptar.*

Intervistoi Dritan Kiçi.

Intervistuesi: *Cili është konflikti kryesor mes shkrimtarit dhe përkthyesit?*

Ana Kove: Ah, një pyetje fillimore të tillë vetëm Dritan Kiçi mund ta bëjë. Fillojmë njëherë me konfliktet e zanatit, pastaj dalim te dashuria. Konfliktet mes shkrimtarit dhe përkthyesit, brenda të njëjtit individ, janë disa. Ai më i madhi, për mua, është ndjesor dhe besoj do jetë i përhershëm. Sa herë përkthej diçka të bukur (dhe kam pasur fatin e madh të përkthej disa nga autorët më të mirë, jo vetëm klasikë, por edhe bashkëkohorë të letërsisë gjermane) them: sikur ta kisha thënë vetë këtë që po përkthej? Pse dreqin shkruaj, kur ja, gjërat i kanë thënë të tjerë para meje, siç nuk do të mundja kurrë vetë? Si shkrimtare në rolin e përktyeses përjetoj shpesh ndjesi pamundësish. Por, në fund të gjithë procesit, kjo është një xhelozi pozitive, sepse vërtet s'ke mundur ta shkruash dot atë që të godet estetikisht ndjesitë, por ngushëllohesh, se as të tjerët nuk do munden ta lexojnë po nuk e shqipërove ti. Një konflikt tjetër është "koha". Përkthyesja i vjedh shumë kohë shkrimtares. Nuk besoj kurrë se në fund të jetës do të kem aq libra të shkruar sa të përkthyer. Madje as sa gjysma...

Intervistuesi: *Sa nga shkrimtari rrjedh pa dashje në*

përkthim?

Ana Kove: Rrjedh. Por jo krejt pa dashje. Sidomos në lirikë. Për mua, sfida e përkthimit të lirikës është ndër më të bukurat. Mendoj se në këtë rast, përkthimi i saktë fjalë për fjalë nuk sjell në të aspak një shqipërim të mirë. Ndaj boshllëkun që ngelet nga ajo pak humbje e "saktësisë" e plotëson më së miri shkrimtarja-përkthyese e sidomos poetja-përkthyese. Ndryshe do të ishte e vështirë. Nëse do të përgjigjesha paksa poetikisht, përkthimi është një vallëzim i bukur mes dy gjuhësh. Por, ndryshe nga vallëzimi i lirë, ku ti vetë përcakton se sa do ta hedhësh hapin, si do ndjekësh ritmin, si do t'i joshësh sytë e ndjekësve, ky është vallëzim që duhet ta bësh i lidhur me zinxhirë nëpër këmbë. Të jesh i frymëzuar dhe të frymëzosh njëkohësisht. Kompozimi i gjithë kësaj bukurie fjalësore i takon autorit. Muzika e sfondit, tingulli, kreativiteti, joshja, që do të vijnë si shtesë prej përkthyesit në gjuhën e tij, janë të pashmangshme, por vetëm aq sa lejon zinxhiri i fortë i gjuhës burimore. Përkthimi nënkupton trajtimin e një teksti burimor për ta sjellë atë në gjuhën e synuar me besnikëri, njëkohësisht me art dhe interpretim. Shkrimtari, në këtë rast, ka një armë më shumë.

Intervistuesi: Mendoni se është më e rëndësishme të njohësh gjuhën nga përkthen apo shqipen?

Ana Kove: Të përkthesh gjithçka krejtësisht korrekt, si rrjedhojë e njohjes shumë të mirë të gjuhës nga përkthen, ndodh që rezultati jo vetëm të mos tingëllojë aspak bukur, por madje shpesh edhe përftohen konstrukte të gabuara gjuhësore. Shqipja shumë e mirë është kriter i padiskutueshëm në cilësinë e përkthimit. Lexuesi teston shqipen e përkthyesit. Por as ajo vetëm nuk mjafton. Për një përkthim të mirë letrar duhet natyrisht përveçse njohjes shumë të mirë të të dyja gjuhëve, edhe një ndjeshmëri e madhe. Kjo ka po aq rëndësi sa dy të parat. Dija nuk mjafton pa ndjeshmërinë në këtë profesion. Përkthyesi duhet jo thjesht t'i transmetojë fjalët, por t'i dashurojë, t'i përzgjedhë dhe t'i peshojë mirë para se t'i përdorë. Përkthimi ka një qasje të madhe drejt interpretimit. Edhe pse ka shumë përkthyes, që nuk e kanë shkruar kurrë as edhe një tekst të vetin në gjuhën e tyre, shpesh ka zëra nga kritika e përkthimit se përkthyes të tillë nuk e kanë të zhvilluar sa duhet sensin e ndërmjetësimit letrar të një teksti përmes ndjeshmërisë së duhur. Me fjalë të tjera, bëhet i domosdoshëm edhe talenti letrar, që nga përkthimi të përftojë përkthimi jo vetëm i saktë, por edhe i bukur. Letërsia është art dhe thelbi i artit është krijimtaria dhe origjinaliteti. Natyrisht, ka përkthyes shumë të mirë, edhe pa qenë vetë shkrimtarë, të cilët zotërojnë pa dyshim talentin e duhur letrar, ndjeshmërinë artistike, si edhe njohjen në thellësi të narracionit të autorit që përkthejnë.

Intervistuesi: *Cilat janë veglat më të rëndësishme të një përkthyesi?*

Ana Kove: Dija. Përvoja. Përgjegjshmëria. Përpara një libri në gjuhë të huaj, kur ai do të flasë shqip vetëm përmes teje, duhet të ndihesh sikur je përpara librit të shenjtë. Në subkoshiencë është i njëjti akt betimi: ti vendos dorën mbi të dhe, njësoj si përpara biblës, me mend e zemër duhet të betohesh se do të thuash vetëm të vërtetat e atij libri, pa ndryshuar apo tjetërsuar asgjë. Por, nëse flasim pastaj për objekte, që ju i quani "vegla", natyrisht: libri, kompjuteri, fjalorët. Por edhe një dhomë e qetë dhe mbi tavolinë termosi i kafesë apo i çajit.

Intervistuesi: *Çfarë po përktheni aktualisht?*

Ana Kove: Aktualisht jam ku duhet të isha dhe ku duhet të punojë në paqe çdo koleg i imi. Në rezidencën e shkrimtarëve dhe përkthyesve "Chateao de Lavigny", në Zvicër, me bursë nga "Pro Hevetias". Po përkthej "Shpërfillja e ëmbël e botës", e autorit zviceran Peter Stamm. Nga i cili kam në proces dy libra. "Agnesa" është libri tjetër, që e bëri të njohur këtë autor të Zvicrës gjermanishtfolëse. Kam edhe fatin e madh që prej këtu të jem në kontakt me autorin. Ky është fati i librit që përkthehet sot. Përkthyesi, në qoftë i paqartë, e ka autorin të gjallë, komunikimin me të. Në këtë mënyrë, lexuesi përfiton një tekst të patëmetë, ashtu siç e meriton.

Intervistuesi: Sa orë në ditë përktheni?

Ana Kove: Kam dy standarde në lidhje me kohën e përkthimit. Kur jam në rezidencë, e gjithë koha është në funksion vetëm të përkthimit; mund të jenë edhe dhjetë orë. Herë më shumë e herë më pak. Këtu, qëllimi i vetëm i jetës, larg zhurmave të botës, thuajse në izolim, është përkthimi. Kur jam në përditshmërinë time, pra në Tiranë, atëherë përkthimi merr vetëm kohën e lirë, pasi kam mbaruar detyrimet e punës së shtetit dhe atyre në familje. Ky vërtet është një profesion, por ne ende nuk e kemi luksin të ushqehemi vetëm nga një profesion i tillë dhe të punojmë me orë të përcaktuara pune çdo ditë. E përditshmja ka edhe detyrime të tjera përveç përkthimit. Në fakt, kam një dëshirë të madhe që më vjen nga lidhja e fortë që po krijoj me rutinën e përkthimit: njerëzit mezi presin të zgjasin vitet e punës e të mos dalin në pension; unë mezi po pres të vijë dita e të merrem pastaj vetëm me librat që dua të përkthej. Dhe janë shumë ata, që dua t'i bëj të flasin shqip.

Intervistuesi: Kush është armiku kryesor në procesin e përkthimit?

Ana Kove: Shpërqendrimi, prishja e rutinës, dalja nga burgu i ëmbël i personazheve dhe hallakatja ku e di unë se ku... Pastaj, kur të fshihet padashur ndonjë bllok i përkthyer e të duhet ta nisësh nga e para; kjo është edhe më e keqe se ato që përmenda më sipër.

Intervistuesi: Ku duhet të fillojë një përkthyes i ri?

Ana Kove: S'ka recetë. Personalisht ndieja një dedikim gati hyjnor për aktin fillimor të përkthimit. Respekti sa vinte e shtohej me rritjen time në fushën e letrave, por edhe përgjegjshmëria. Për shumë nga këta libra që po botohen sot, autorët e tyre kam nisur t'i përkthej 15 vjet më parë në cikle, fragmente a tregime... në revista letrare. Por, për të ardhur te librat, duhet të isha gati, siç e mendoja "të qenit gati". Guximi i pajustifikuar në këtë rast është dëmtues. Nuk dëmton veç veten, kjo do të ishte më e pakta, por dëmton edhe autorin, edhe lexuesin.

Intervistuesi: Çfarë duhet të përkthejë?

Nuk e ka gjithkush luksin të zgjedhë se çfarë duhet të përkthejë. Aq më pak kur je i ri. Për pasion e dëshirë duhet të përkthejë atë çka u përgjigjet shijeve të tij. Për profesion, çdo gjë që t'i besojnë. Nëse futesh në treg, nuk zgjedh gjithmonë sipas shijes.

Intervistuesi: Ku mund ta shesë punën e tij?

Ana Kove: Meqë na fute në termat e tregtisë dhe të një fushe që unë pak di të teorizoj mbi të, po përpiqem të jap një mendim jo fundor. Se mbase mund të mos jetë ashtu si mendoj për shumëkënd tjetër. Përkthyesi për mua është artizan. Nuk bën tregti, nuk prodhon mall për shitje dhe ta vendosë në vitrinë. As nuk del vetë të shesë mall. Duke qenë artizan, rri në punishten e tij të fjalëve, dijes që zotëron, dhe janë botuesit ata që futen në punëtori dhe bëjnë porosi, nëse ka përputhshmëri shijesh estetike dhe jo vetëm.

Intervistuesi: Çfarë do presim për këtë vit nga Anna Kove, si shkrimtare dhe përkthyese?

Ana Kove: Po e nis përgjigjen nga përkthyesja. Nuk mund të lë pa përmendur një roman, që sapo u botua nga "Toena", "Tili", i autorit më popullor bashkëkohor të letërsisë gjermane, Daniel Kehlmann. Roman voluminoz historik, por njëkohësisht shumë argëtues. I shitur në Gjermani në mbi 800 mijë kopje në tre vjet jetë. I botuar në gjithë botën. Lexuesi shqiptar e mori shumë shpejt pas botimit në Gjermani. "Poeteka" do të botojë së shpejti librin "Heshtje kumbuese" nga Rose Ausländer, lirikja hebreje, që mbart dhimbjen e mungesës së atdheut. Herta Müller sërish do të botohet nga "Albas", me librin e saj "Llumi"; libri i bën jehonë zvetënimit të jetës dhe personalitetit në diktaturë. Hermann Broch, që është quajtur edhe një nga themeluesit e romanit modern, do të vijë për herë të parë në shqip, me "Somnambulët", nga "Arka e Noes" – një punë që e kam mbaruar. Po nga "Arka e Noes" do të vijë për herë të parë në shqip një autor shumë i veçantë i letërsisë gjermane të Zvicrës, Peter Stamm, me dy libra "Agnes" dhe

"Shpërfillja e ëmbël e botës". Nuk di në do të botohet këtë vit, por ky vit në planet e mia të përkthimit do të mbyllet me Valter Kempowskin, "Çdo gjë e kotë", që do të botohet nga "Aleph", një autor i rëndësishëm i letërsisë gjermane të pas Luftës së Dytë Botërore.

Dhe ja, më thoni, a ngelet kohë për shkrimtaren? Nëse shkrimtarja, me kalimin e viteve, mjeshtëron teknikat e përkthimit, mbase ia del të mjeshtërojë edhe teknikat e vjedhjes së kohës nga dita apo nata! Nëse ndodh, "Revista Letrare" do jetë e para që do ta mësojë...

Krijimtaria dhe përkthimet

Poezi dhe prozë: *"Shën Valentin ku ishe", "Djegë ujërash", "Nimfa e pemës së humbur", "Kambanat e së dielës".*

Përkthime: Paul Celan - *"Lulëkuqja dhe Kujtimi"*, Herta Müller (nobeliste) - *"Kafsha e zemrës"* dhe *"Llumi"*, Clemens Meyer - *"Nata, dritat"*, Ilse Aichinger - *"Shpresa më e madhe"*, Rose Ausländer - *"Heshtje kumbuese"*, Daniel Kehlmann - *"Tyll"*, Hermann Broch - *"Sonambulët"*, Petter Stamm - *"Shpërfillja e ëmbël e botës"*, Antologjinë *"Mjeshtër të prozës së shkurtër gjermane"*, cikle poetike dhe tregime të autorëve S. Kirsch, M. L. Kaschnitz, B. Brecht, I. Bachman, N. Sachs etj., në shtypin letrar të kohës.

Cikël poetik

KOSTAS DHESPINIADHIS

(Nga libri me poezi "Ζέλμπα ¹, Πανόπτικον", 2017)

Njëmbëdhjetë hapa

I lagur dheu
aromë humusi
dhe i lagur
aromë fëmijërie
ku të të gjej
në mes të betonit?

Shkruaj dhe macja
kruspulloset te kaloriferi.
"Eja në të ngrohtë", më bën shenjë,
"lëre ftohtësinë e letrave të tua".

Lumë i vogël
për ku po shkon
cilat dhera
do t'i shtrydhin ujërat e tua?

---

1 Zelba: fjalë sllavo-maqedonase, që shënjon dëshirën e fortë, pasionin. Mund të ishte edhe emër gruaje. (Shënim i autorit.)

✺

Kur do të banohet
sërish kjo shtëpi
cilat ditëlindje do të ngrohin
çatmatë e saj
cilat hidhërime do t'i akullojnë
sërish armaturat në të?

✺

Kur më qarkon vetmia, shkruaj.
më mirë sikur të mos kisha shkruar asnjë rresht.

✺

Çfarëdo të themi
ka për ta marrë bora.

✺

Plasa të dëshpërimit
me çfarë t'ju përmbush?

✺

I dëshpëruar
        nga dashuria
e zbrazët bota ime.

✺

Janar nën zero
dhe pranvera largohet.

✳

Me borë filluam
me borë mbarojmë.

✳

Plasa të errëta
dhe vezullime të befta.

Po: "Baltë dhe në baltë do të kthehesh"
po midis?

* * *

I pastrehë
pa direk
dhe dënesë
në plasat
e pikëllimit.

I vetmuar
natën e dëshpërimit
atij janari.

* * *

Thotë Kafka:
Libri duhet të jetë
sëpata që thyen
detin e ngrirë
brenda nesh.

Lexova me mijëra
por akulli atje
këmbëngul.

✻ ✻ ✻

E di si ka për të qenë vdekja
heshtazi, pa u ndjerë do të vijë
as që ke për ta kuptuar
plane, ide, punë pezull
një mal gjëra
– kujt i bëhet vonë –
e di si ka për të qenë vdekja
e zezë si nata
e ftohtë si bora
e lagësht si shiu
e heshtur, e pandjeshme
as një sekondë
pastaj gjithçka si më parë.
Prandaj të them,
jepma dorën
e di si ka për të qenë vdekja.

* * *

Le të shterin lotët
që të ecësh sërish këmbëzbathur
në shkretëtirat e tua.

* * *

Po mirë, me kujtesën
do t'i gjejmë fitilat.
Me zemrën, si do t'ia bëjmë?

* * *

Rastësisht u shkëmbeva në rrugë
me dy vajza pesëmbëdhjetëvjeçare
Lolita, si ato që përfytyronte Nabokovi
Njëra më nxori gjuhën me provokim
dhe pastaj të dyja ia krisën gazit

Ligjvënës trukokallë, ku ta dije ti
se kur "piqet" gruaja.

* * *

Pesë herë në ditë shtronte sixhadenë dhe lutej. Çuditërisht, atyre çasteve, kur e mbyllur në vetvete gjunjëzohej dhe mbyllte sytë, duke mërmëritur fjalë të pakapshme, bëhej edhe më e bukur. Ai e ngacmonte dhe i kujtonte gjithë sa bënte para dhe pas lutjeve, kurse ajo, duke u shtirur se mërzitej, i thoshte me zemërim se Perëndia do të ndëshkojë të pabesët, jo të dashuruarit.

* * *

Bie shiu ëmbël
tutje dëgjohet Shopen
qëndron në dritare
dhe ngadalë tund këmbët e saj.
Pse, vallë, është e rrallë
kjo lumturi kaq e thjeshtë?

* * *

Me dashurinë
marrim pas hakën
(hakmarrje e zezë, do të thoshte poeti)
vdekja mbretëron, në fakt,
dy trupa që fërgëllojnë
janë e vetmja gjë
që për pak
arrin ta trembë,
të shkojë larg.

* * *

Vajza trime si hije
që i quanin Zelba

Le të shkojmë
atje ku ndodhet bukuria.

Kostas Dhespiniadhis ka lindur më 1978-n. Në vitin 2001 themeloi periodikun dhe shtëpinë botuese "Panoptikon". Ka bashkëpunuar me shumë shtëpi botuese si redaktor botimesh dhe përkthyes. Tekste dhe libra të tij janë përkthyer në frëngjisht, gjermanisht, spanjisht dhe anglisht. Nga botimet "Panoptikon" qarkullojnë librat e tij: Φραντς Κάφκα. O ανατόμος της εξουσίας (Franc Kafka. Anatomisti i pushtetit, 2007, 2013). Πόλεμος και ασφάλεια (Luftë dhe pasiguri, 2008). Νύχτες που μύριζαν θάνατο (Net që nuhasnin vdekjen, 2010), Nuits qui exhalient la mort (2013). Έξοδος κυνδύνου. Δοκιμές και αντιρρήσεις (Dalje emergjence. Ese dhe kundërshtime, 2016).

Shqipwroi dhe përgatiti Sokol Çunga

Të çmendurit e mi

THANAS MEDI

Para shtatës duhej të isha atje. Tek ata! Aq frikë i kisha, aq u trembesha, sa s'doja t'ua shihja bojën as në ëndërr. As me atë mballomën që u ngjisin të gjithë s'më jepej t'i përmendja, edhe pse keq s'më kishin bërë ndonjëherë. I mbaja sa më larg të qe e mundur, mos më mbinin rrudhave të trurit, ngrohesha me pandehmën se unë s'kisha punë me ta. Se ata s'bënin hije mbi faqe të dheut, se s'do t'i kisha pas pak nëpër këmbë.

Diku mbi Thivon, rruga me qarkullimin më të dendur të makinave për krahun perëndimor të Athinës, mora urbanin 732. Ishte plot, burra e gra të moshave të ndryshme, ashtu si unë, nxitonin për në punë. Diku munda të fus këmbët, u mbajta te një nga hekurat vertikalë pranë portës dhe hodha vështrimin përtej dritares përballë. Atje ku gjithçka shkiste vetëtimthi, vraponte një rrokopujë godinash, pemësh, dritaresh e yjesh që shuheshin qiellit vazhdimisht. U zhyta në të kokë e këmbë, si në një vorbull, për t'u ndjerë më mirë. Të harroja ku veja, ata që më prisnin e, natyrisht, cila isha. Sa poshtë kisha rënë... Më qau shpirti për pak prestigj, ca dinjitet më shumë; thënia e njohur "Puna është nder", më dukej një përrallë e kotë, më bajate se kurrë. Kisha arritur fundin, në taban, nivelin zero të aftësive apo intelektit njerëzor. Do bëja punën më të rëndomtë e që gjithmonë i isha shmangur, s'e kisha dashur: pastruese. Do t'i jepja fshesës e leckës. Të bësh dritë dyshemenë nga hedhurinat, pisllëqet a pështymat e të tjerëve (të atyre sidomos), nuk besoj se do ndonjë mendje kushedi se çfarë...

Xhami i dritares, ndërkohë, u mjegullua. U vesh me avull a pështymë dhe kjo sikur më mbuloi edhe mua. Më lagu nga koka te këmbët. Për t'i shpëtuar njëfarë soji, ndjeva nevojën e ikjes nga andej. Arratisjes diku. Diku ku shpirti do më gjente paqe, qetësi e s'kish më mirë se viset nga kisha ardhur. Koha kur isha dikush. U kapa pas jeleve të së shkuarës para se të merrja rrugët e mërgimit. Si dhe kaq herë të tjera u mallova për vitet më të zhurmshme të karrierës sime, (karrierë i thënçin), ato si mësuese muzike në bjeshkët e veriut. Në një nga zonat më të thella të Pukës...

Më fanitet gropa ku jetova fundin e viteve tetëdhjetë, përroi që ndante më dysh ca parcela misri e ndërtesat e pakta të banimit. Me zyrat e kooperativës, depon e helmeve liruar për mua, vatrën e kulturës, shkollën ku u emërova menjëherë pas mbarimit të "Tefta Tashkos" së Korçës. Të jepja muzikë. T'u mësoja malësorëve të vegjël "Do-re-mi-fa-so-la-si". Zbritur nga bjeshkët përreth, me kullat e larta, një këtu një atje. Me atë pak qiell që i linin gropës përsipër, sa të bëhej se s'mbusheshe dot me frymë. Veçuar nga bota, nga jeta, kjo sikur fillonte e mbaronte pikërisht aty. Sidoqoftë kalova mirë. Bëja një punë që më pëlqente, nxirrja në dritë aftësitë e mia. U mësova shpejt me bjeshkët, me veriun, me ata njerëz, ndoshta ngaqë falnin shumë dashuri. Shumë respekt për një të huaj, një femër; burra me kokën në tavan përkuleshin deri në tokë për të më thënë "T'u rrit ndera!". Më deshën dhe i desha. Kur veja me pushime në shtëpi, në fshatin tim të jugut, më thërrisnin "malokja". "Erdhi malokja!". "Pse s'martohesh me ndonjë malok", qeshnin kushërinjtë, "të mbledhim mendjen?!". Ma kërkonte dhe Marta këtë: "Rri këtu përgjithmonë, merr ndonjë nga tanët, të jemi bashkë!". Kolegia ime e mirë jepte histori, vajzë vendi. Edhe pse më e madhe nga unë, m'u bë shoqja më e ngushtë. Shkuar motrës. Muajt e parë të emërimit atje s'më linte të flija në depon e helmeve, më merrte në shtëpinë e saj. Në kullë. "Rri sa të duash", më thoshte, "im shoq njëherë në javë vjen, këtu është bosh!". Me "t'u bofsha" e "ta marrsha" më drejtohej dhe mua, njëlloj si vajzës së saj, Dianës. Nxënëses sime më të përkëdhelur. "Kjo do bëhet këngëtare", i thosha unë, nisur nga zëri dhe një prezencë, që s'mund të kalonte pa rënë në sy e së bijës. Më shtronin çarçafë të larë për të fjetur, mbërdhacake siç isha, më jepnin teliqe leshi t'i vija në këmbë. I thurte Marta me duart e saj. Pa që i doja dhe i bëri brenda natës një palë; mëngjesin e parë në kullë i gjeta te koka e krevatit. Dashurinë që gjeta në familjen e Martës s'do ta harroj kurrë.

Hanim në një sofër, ç'ti gjendej shtëpisë, bukë, kripë e zemër. I binim çiftelisë. I bija dhe unë, këndonim të gjithë bashkë "O kce moj çikë" apo "Hajredin Pasha po vjen Radikës"...

I mbajta lidhjet me Martën edhe pas transferimit në fshatin tim të lindjes. Me rënien e diktaturës, hapjes së kufijve, si shumë veriorë të tjerë, i la edhe ajo bjeshkët, u vendos familjarisht në Tiranë. Më erdhi për vizitë, kur bëja plane të ikja në Greqi, bashkë me Dianën. Rritur e zbukuruar, lastar, të vinte turp ta shihje në sy.

- Kujdes me këtë, - i thashë mikes sime kur i përcillja, - kanë ardhur kohë të këqija, i rrëmbejnë vajzat nga mesi i rrugës!

Sikur ta dija, i ndolla të keqen; punë ditësh më vonë Diana u zhduk. Më mori Marta në telefon, kur isha duke lidhur çantat; të nesërmen ikja për Athinë. E mbytur në lot, më tregoi për gjëmën që i kishte rënë në kokë. Diana ato kohë ishte lidhur me një djalë. Ikën nxitimthi në Greqi, ndërkohë mësuan se ai, "i fejuari", qe gënjeshtërt. Vagabond, atë punë bënte, "fejonte" goca këtej dhe i shpinte andej... M'u lut njëqind herë:

- Gjema vajzën, atje ku vete ti do jetë, në Athinë!

- Do ta gjej, - i premtova, - do ta kthej Athinën përmbys dhe do ta gjej!

Premtim i kotë! Athina qe një xhungël ku humbiste qeni të zonë. Të gjeja Dianën atje, ishte si të kërkoja gjilpërën në një mal me kashtë. Pas përpjekjeve të para, endjes me tim shoq, Dhorin, rrugicave të errëta të "Omonias", përgjimit të shtëpive me drita të kuqe, u dorëzuam. Me kohë e harrova krejt dramën e Martës. Ka një gjë Athina: të lë shpejt pa kujtesë. Si gjithë qytetet e mëdhaja ta vret pa mëshirë kujtesën e vjetër, ta flak në koshin e plehrave, kurse e reja s'ka tagër të lërë gjurmë. Sekush shikon tymin e oxhakut të vet, s'do t'ia dijë për tjetrin. Se sa t'i shtrijë dorën kur e shikon në të keq, e ka për më kollaj t'i jap të shtymën. Njëfarë të shtyme i dhashë dhe unë mikeshës sime të dikurshme, përderisa premtimin e mbuluan pezhishkat e harresës. Më mbytën dhe të miat: djalë e vajzë për të rritur e shkolluar, burrit për t'i ndenjur në këmbë, vjehrrën që s'mbushte mirë (gati njëlloj si ata që do shihja pas pak) për të mbajtur. Puna pastaj, shtëpinë që duhej ta shpëtoja nga thonjtë e bankës. Dhe kur? Ndërsa Greqinë e kishte gjunjëzuar kriza. U gjunjëzuan edhe njerëzit nga flakja në rrugë, mbyllja e punëve. U gjunjëzova edhe vetë, pasi i vunë kyçin punishtes së ëmbëlsirave ku punoja, s'pyeta më për prestigj e dinjitet, pranova të bëj atë që s'e doja: pastruese. Dhe ku, në spitalin më të madh të të çmendurve të Athinës. Tek ata!...

Vorbulla përtej dritares rreshti kur ndaloi 732-shi. Në stacionin ku duhej të zbrisja, përbri një kioske çikërrimash. Bashkë me të tjerë nxitova për nga mbrapa saj. Unë në bisht të të gjithëve, nëpër një rrugëz të ngushtë këmbësorësh, mbuluar me gjethe të rëna e të zverdhura vjeshte. Pa ditur ku do më nxirrte, ku ishte spitali, një vargan pishash e eukalipteesh të lartë ma pengonin vështrimin. Diku mbrapa tyre duhej të ishte, atje qenë ata, qeniet e frikshme; ankthi tani ishte mpirë, sikur je para një gremine që duhet kapërcyer patjetër. Në horizont, tutje varganit, dallova turbull këmbët e një mali të zhveshur. Po aty zbardhëllonin grumbuj pallatesh banimi, rrahur nga era e detit. Që s'dukej, por mbërrinte deri aty përmes një flladi të lagësht, ngopur me aromë jodi. Ndërkohë, këmba më shkeli në asfalt. Rrëshqita përbri një lumi makinash të vogla, që s'kishin të sosur. Ruhesha mos më shkelnin këpucën gomat që vetëm rrotulloheshin, ndesha vështrime shoferësh të çmeritur, kushedi, mbase më morën për të çmendur. Kështu, derisa më doli para një postbllok, ku nuk kalonte kushdo. Më pyetën ku veja, mësuan se isha pastruese e re dhe më treguan ku duhej të paraqitesha. Te Perikliu!

Me lënien mbrapa të postbllokut, pata dhe një ikonë më të plotë e më të qartë të spitalit. Prisja të shihja një godinë të vetme, të lartë, me ballkone rreth e rreth dhe dritare të shumta, por më doli ndryshe. Një serë godinash dykatëshe, menjëherë përmbi rrafshin e tokës, qe spitali, pavijonet, në njërin prej të cilëve do punoja unë, ku të më caktonte njëfarë Perikli. Përgjegjësi i pastrueseve, vënë nga eteria.

Ky më priste. Në një si barangë me çati eterniti, veçuar jo pak nga pavijonet. Në një zyrë tavanulët, me njolla lagështie nëpër qoshe, në të preshtë lëmyshku. Rrinte mbrapa tavolinës së zbrazët, me vetëm një regjistër ku kishte ngulur kokën, tullën -

seç kish një shkëlqim si prej kungulli të tejpjekur. Nuk e ngriti, edhe pse e ndjeu që hyra. Qe i dhënë pas regjistrit, seç lexonte aty. I madh, si ai që mbajnë mësuesit nën sqetull kur futen nëpër klasa. Më ngeli dhe mua vështrimi mbi të, një të tillë kisha dhe unë dikur, ende pa rënë nga vakti...

- Dhe ti pastruese?! – dëgjova të më pyesin.

Pashë tullën të ngrihej rrëmbimthi. Ndesha ca sy të buhavitur nga e papritura. Duket kishte dalluar tek unë diçka që nuk shkonte. Diçka që stononte në atë mjedis të shpëlarë e që rrallë hasej te femrat e tjera të pastrimit.

- Po! – pranova me gjysmë zëri.

Kërkoi në regjistër, si mësuesit kur janë në mëdyshje për emrin e një nxënësi. Sa u bë gati të flasë, i dola para:

- Valentina!

Ngjiti një tendosje në fytyrë, sikur matej të bënte humor.

- E paske mirë me shenjtorin e dashurisë, alvanidha?!

Seç vuajnë ca grekër, s'u zihet pa ta përplasur në sy vendin nga ke ardhur. Pa i besuar nuhatjes së pagabueshme të tyre.

- Ka rëndësi kjo?!
- Jo, jo!

Mori më në fund hijen e përgjegjësit, zuri të më flas për punën. Për dava fshesash, leckash, kovash, klori e, patjetër, kujdesin që duhej treguar me të sëmurët. Prisja të dëgjoja "të çmendurit". Uroi fillim të mbarë e më caktoi postin:

- Pavijoni 7, nga tetë deri në dy. Ti do jesh pastruesja e dytë, e para është Efi, ajo vjen e ikën një orë më shpejt, nuk ndërrohet me të tjera. Do ta gjesh atje, të mëson ajo.

Derën e pavijonit ma hapi një leshverdhë. Mbi të dyzetat, sipas parashikimit tim, me uniformën e eterisë "Kukaqi" veshur. Cohë blu me shirita të bardhë anash. Dhe një tufë çelësash në dorë, si gardiane burgu. Pa dyshim që ishte Efi. Më pa dhe ajo gjithë habi, si përgjegjësi pak më parë. Pyeti:

- Ti je Valentina, pastruesja e re?!
- Po, unë jam!

Vështrova mos kisha mbi vete ndonjë zhubër a hala pishe, ngecur mes flokëve.

- Ç'punë ke bërë më parë?

Për pak përmenda profesionin e njëhershëm, më ndodhte shpesh një yshtje e tillë, sa herë që më pyesnin sa shkollë kisha, ç'dija të bëja. E sidomos atë mëngjes, kur mendja më rrinte te karriera ime e rrënuar dhe më vinin nga larg tinguj të arratisur pentagrami a dihatje çiftelish.

- Ku nuk kam punuar, - u ula me këmbët në tokë, - kohët e para, pas vendosjes në Athinë, pastrim shtëpish, dikur gjeta një vilë, më vonë synova për më mirë, shtyva vite në një punishte ëmbëlsirash. Erdhi kriza, kërkova në gazeta, eteria "Kukaqi" donte pastruese... Në Shqipëri kam qenë mësuese!

E nxora më në fund dhe sikur u çlirova nga një stërmundim i vjetër. I zbardha faqen vetes, dëshmova se të qenit pastruese qe një aksident.

- Ashtu thuaj, - Efi u entuziazmua, - tani shpjegohet, të mora për infermiere. Ka plot dhe nga ne, me diploma shkollash të larta e bëjnë ç'tu dalë para. Vetë jam e qetë nga ajo anë, nuk mësova, më mbeti fshesa..

Vështrova përtej supeve të Efit, si ai që është futur në strofullën e ujkut e pret që ky t'i dalë para nga çasti në çast. Si duke përgjuar nga mund të më vinte e keqja, rreziku. E lashë syrin të bredhë përgjatë një korridori të ngushtë, të pafund, me dyer të shumta për anash. Të dhomave të atyre! Me gjak të ftohur prisja të hapej ndonjë. Të dilte andej ndonjë nga ata dhe të më sulej mua. U hap njëra ndërkaq. Pashë dhe atë që doli, për fat të mirë nuk bëri për këtej, dukej i qetë, u mjaftua me ca varavingo për nga fundi i korridorit. Një tjetër, nuk e kapa nga doli, më kaloi ngjitur dhe unë, si për t'u mbrojtur, mblodha supet. Nuk i shpëtova Efit.   -
Ç'pate, trembesh nga këta?!

- Shumë!

- Do mësohesh, nuk janë dhe aq të tmerrshëm sa duken, megjithëse nganjëherë...

Qeshi lehtë në vend të vazhdimit dhe më hoqi udhën për te dhoma jonë. Atë të pastrueseve, gati përballë hyrjes kryesore. Fare e vogël, pa dritare, varëse rrobash nëpër mure, tavolinë e ulët, dy karrige, tavllë duhani mbushur citë me bishta cigaresh, m'u helmua kanali i frymëmarrjes, u kollita fort. Kuptoi Efi.

- Ju të ish-bllokut komunist nuk e pini duhanin, mirë bëni, vetëm po e filluan më të rejat, ato që janë rritur këtu.

Më njohu me punën. Ambientet, wc-të dhe dhomat ku do pastroja, do merrja pluhurat e kaloja leckën. Në atë orë që vinte më parë nga unë, ajo pastronte zyrat e mjekëve. Qe si përgjegjëse për pastërtinë e pavijonit, i kishin besuar çelësat e magazinës dhe të derës kryesore, nuk i linte të sëmurët të dilnin jashtë kur të donin. Doli tek ajo "ndonjëherë", që e la pa i vajtur deri në fund pak më parë, rreziqet e mundshme nga të sëmurët. Të çmendurit, mbërrinte në veshin tim. S'qe e kotë frika ime; Efi më rreshtoi ndërkaq një sërë bëmash që qenë pasqyra drithëruese e atij pavijoni. Aty njëherë, një i sëmurë, i shkuli sytë priftit me të cilin ndante dhomën, vetëm se ky e këshillonte të mos e humbiste besimin te Zoti. Një tjetër kafshoi dorën e infermierit që i bënte gjilpërën, një i tretë desh e mbyti pastruesen e pasdites, ngaqë kjo nuk pranoi t'i hapte derën, një...

- Mjafton, - e ndërpreva e alarmuar, - pse nuk thua të iki që tani?! S'është për mua kjo punë. Dhe kjo më duhet, të ngelem sakate nga të çmendurit!

Efi qeshi me të madhe, më ra shpatullave si të më sillte në vete, përsëriti edhe njëherë "do mësohesh" e shtoi dhe një përshtypje të re për ta:

- Po t'u gjesh anën, këta lënë kokën për ty!

Nuk di ç'i thashë, më duket një "ç'anë t'u gjej këtyre!" dhe u bëra gati për punë. Dola nga kuvlia jonë me uniformën e eterisë në trup dhe veglat e pastrimit. Më duhej të filloja nga dhoma nr.9, që gjendej në fund të korridorit të gjatë. Ky, ndërkohë, ishte popullluar edhe më shumë me 'ata'. Dilnin e hynin nëpër dhoma, në sallën e televizorit, në mensën e ngrënies, rrinin si hunj në këmbë, lëviznin me hapa të ngathët, hidhnin ndonjë vështrim meditues përtej dritares, qeshnin pa shkak, flisnin me dikë që gjendej vetëm në trurin e tyre të çakorduar, porosisnin kafe a diçka për të ngrënë te një që quhej Zaharopulu, veshur me ca tesha të zbërdhulëta, që u rrinin si thes e nga kjo të kujtoheshin të burgosurit, syshuar nga ëndrrat, qenie të braktisura, të harruara, me një dramë që veç ata e dinin si e përjetonin. Paqësorë, por edhe si të mbështjellë me qetësi të rreme. Të cilën mund ta flaknin për hiçasgjë, duke nxjerrë në dritë dikë tjetër. Qenien e dhunshme, që fshihnin nën lëkurë. Jo më kot thuhej "Të çmendurit hapi rrugën!". Jo më kot kishin ndodhur gjithë ato që tregoheshin...

- Mirëmëngjesi pastruese!

Më zunë dridhmat, një nga ata më kish ardhur mu te veshi atëherë kur s'e prisja. Fare pa kuptuar. Më përshëndeti si një njeri i zakonshëm. Më pikoi ndërkohë, se dhe ata qenë njerëz të zakonshëm, megjithëse mbartnin të jashtëzakonshmen e një dërrase mangët. E vështrova nga afër, i dallova në sy etjen për të folur, hapur zemrën dikujt, s'desh të dinte për ankthin tim, as që s'më bëhej t'i përgjigjesha, s'qenë arsye këto për të mos vazhduar..

- Unë jam Vlashi, e di sa isha kur më sollën këtu? Nëntëmbëdhjetë vjeç. Sa kisha mbaruar të mesmen, troisesha të veja ushtar, të gjeja dhe ndonjë vajzë të mirë, të martohesha, të bëja shumë fëmijë, kur im atë më tha: Vlashi, biri im, bëhu gati se do të të shpie në universitet! U bëra gati, mbusha një çantë me rroba, u vesha e u pispillosa, i hipëm makinës, më solli këtu. Çmendinës i thoshte universitet! Që atëherë kanë kaluar njëzetë vjet...

Me vështirësi e merrja vesh, i hante fjalët kur fliste, më shumë e kuptoja duke e parë në sy. Një si gicilim gazmor vinte prej tyre, si lutje a këshillë për të mos i marrë gjerat shumë seriozisht. Të buzëqeshja ndonjëherë, edhe në të keq. Edhe kur më qahej. S'di si e pësova, por buzëqesha vërtet. Se ç'i thashë e vazhdova më tutje korridorit, tani më e qetë. Ndoshta e teproja dhe unë, njerëz qenë edhe ata, të sëmurë, nuk ishin ujqër, që përgjonin nga diku të më hidheshin mua përsipër. Një si paqe më ledhatoi kurmin, e vura me veten t'i mbush mendjen se e zeza nuk qe kaq e zezë. Se atyre qenieve të mjera s'kisha pse u trembesha kaq shumë.

Sikur m'u fashitën jo pak brengat e shpirtit, i lashë kujtimet në bunkerin e tyre, mundim i kotë të rrija ngjitur me to, me të miat, kur qenë luks në krahasim me ç'më shihnin sytë aty. Drama ime e humbiste peshën mes atyre katër mureve, ankthi i frikshëm, gjithashtu, bëhej më i lehtë.

Në dhomën nr.9 hyra si e lehtësuar nga një peshë që më kish marrë frymën gjithë ato ditë. Atë mëngjes sidomos. Sa kapërceva pragun, m'u ngjesh hundëve ajër i ndenjur. Molisur me erë ilaçesh e të ngrënash lënë përgjysmë, flakur në dysheme. Nga të sëmurë, që s'po i shihja ku qenë. Shihja veç krevate me kuverta të ngritura si samarë, poshtë të cilave flinin ata. Kokë e këmbë mbuluar, si t'i trembeshin dritës së diellit, që vinte nga dritaret. Sikur qenë mësuar me errësirën e natës dhe s'duronin dot fytyrën e ditës. Nga të katërt, sa ç'kish zakonisht një dhomë, vetëm njeri duronte. Ky rrinte ngritur përgjysmë, me shpatullat mbështetur pas jastëkut në krye të krevatit dhe kokën kthyer anash. Vështronte i përqendruar për nga komodina përbri. Nuk ia ndante sytë një kornize aty, fotografisë së një femre të re, nga ç'munda të saktësoj prej së largu. As që mori vesh se hyri dikush në dhomë, qafa e kthyer plotësisht dukej si e ngrirë në allçi. Të ngrirë dhe sytë që shihnin gjithë babëzi atë femër, si të qe ajo burimi i vetëm i jetës së tij. Dielli dhe ajri i mushkërive të tij.

Punë të çmendurish, mendova dhe iu shtrova pastrimit. Pasi mbarova me wc-të, iu ktheva dhomës. Një fshesë fillimisht, duke nisur nga kokëmbuluari më i afërt. I dilnin jashtë cullufe thinjash e s'pata dyshim se qe i moshuar. Pyeta "Je gjallë papu?" dhe dëgjova të fliste nga poshtë kuvertës:

- Gjallë jam moj bijë, gjallë!

Atë me qafën në allçi, e lashë për në fund. Kur i erdhi radha, thashë të nisja nga komodina. Të merrja pluhurat e të vija rregull në atë mish-mash sendesh që mbante përsipër. Paqeta cigaresh, bishta flakur kuturu, çakmak, gota plastike, tufa pambuku, garza të përdorura dhe ajo... korniza e vyer. Më vajtën sytë atje dhe atje më ngelën. U kallkanosa dhe unë, njësoj si ai që s'po lëvizte milimetër nga pozicioni heroik i tij. Fërkova sytë të shihja më mirë; ajo në kornizë më qe e njohur! Atë fytyrë të bukur, atë ball të lartë, ata flokë, ato vetulla gjarpërushe, ata sy të errët, diku i kisha parë... Diku i kisha ndeshur, në një gropë, në ca bjeshkë, në ca vende që erdhën furishëm nga larg. Për të më shkulur nga dhëmbët një britmë të mekur:

- Ç'do Diana këtu?!

U zgjata ta merrja, ta shihja më nga afër, të bindesha përfundimisht se ishte ajo dhe s'kuptova nga kërceu një bishë e egërsuar. Nga dolën dy panxha që iu sulën gjithë zell fytit tim të brishtë...

- Manoli po mbyt pastruesen, - dëgjova nëpër tym, - Manoli...

Për natën e mirë

MIMOZA HYSA

Ai mbërriti i pari. Zuri vend në karrigen përballë dritares dhe priti. Kishte borë jashtë. Një borë përralle. Me flokë që lëpinin xhamin. Mendoi se kishte gabuar vendin dhe datën e takimit. Po detyra e asaj nate nuk ishte veçse të priste. Jo. Nuk mund të fluturonte një vajzë nga një botë dielli për takim të fshehtë në një vend malor ngricash. Ku zbardheshin dritaret. Ndoshta jo të gjithë e mendonin si ai. Dhe vërtet, në derë u duk një vajzë si ajo që kishte parë në foto prej tre muajsh. Flokë ngjyrë gruri, vetulla tepër të errëta për një fytyrë aq të bardhë dhe buzë që dukej sikur kërkonin diçka përpara vetes. Nuk po ia dallonte sytë. Duhet të ishin të kaltër. Jo. Ishin në ngjyrë jeshile të thellë. Si pusi i dimrit. Shihte hutueshëm tavolinat dhe nuk po dinte a të ndalte para asaj të djalit. Ai u ngrit në këmbë për t'i dhënë të kuptonte se ku ndodhej pritësi. Po dikush pas saj e mbërtheu për beli dhe i dha një të puthur në rrëzë të veshit. Ishin bashkë. Po kërkonin një vend për t'u ulur. Nuk kishte për të ardhur dhe nuk kishte përse. Ishte çmenduri nga ana e tij të mendonte se një vajzë e një kontinenti tjetër do të merrte avionin për t'u gjendur në këtë humbëtirë bore përpara fytyrës së tij të vrarë.

Por ajo erdhi. Dhe nuk kërkoi aspak me sy tavolinat. Pikërisht kur ai ia kishte mbërthyer sytë birrës, iu shfaq përballë.

– Ja ku jam.

Dhe mbeti pa gojë. Nuk pati kohë as t'i thoshte se kjo ishte një mrekulli. Madje as ta pyeste si udhëtoi. Thjesht vërtetoi nëse i kishte sytë ngjyrë blu. Një blu në gri, për të qenë i saktë. Po tani? Nga t'ia niste? Kishte shpresuar deri në minutën e fundit që kjo të ishte një lojë. Ku e lëshon imagjinatën pa fre dhe askush nuk mund të të kontrollojë se nga bredhin mendimet e tua. Tani retë ikanake ishin kthyer në një vajzë të brishtë njëzetvjeçare, me sy të turbullt, që kishte kapërcyer oqeanin për t'u gjendur përballë tij në një klub fshati në fund të botës. Edhe takimi këtu bënte pjesë te loja dhe imagjinata. Nuk i kishte thënë se do ta priste në aeroport. Por: "Nëse më do vërtet, vjen e më gjen në klubin e famshëm të hajdutëve në mes të pyllit në mbrëmjen e Shën Valentinit, ku thuhet se do të shpërndahen zemra të kuqe shqiponjash". "Shqiponjash? E pse shqiponjash?". "Sepse janë të vetmet që nuk mund t'i gjesh në asnjë restorant të botës dhe paralajmërojnë lumturinë e përjetshme.". Nga i kishte buruar ajo fantazi e shfrenuar? Dhe pse me një vajzë kaq të pafajshme? Ç'mund t'i thoshte tani për zemrat e shqiponjave? Kishte menduar se edhe vajza përtej fijeve të largëta do të ishte po aq ëndërrimtare sa ai, se ky do të ishte një trillim i tëri dhe se të nesërmen do të vazhdonin t'i shkruanin njëri-tjetrit qetësisht e me shaka për gjithçka kishin thënë, duke u treguar madje edhe më të sinqertë. Vajza, siç dukej, kishte qenë tejet e sinqertë. Përderisa ndodhej aty përpara me mish e shpirt, duke pritur zemrën e shqiponjës. Po tani? Pyeti veten për së dyti.

— Po tani? — tha vajza ndërkohë, duke parë përreth.

Ai uli sytë dhe e la pakëz pyetjen të endej në ajër, sepse donte t'i linte kohë vajzës të pendohej. Për gjithçka dukej tashmë pa retushim.

Veç tani po e kuptonte se fotoja që shikonte më shpesh në ekran ishte e dhjetë vjetëve më parë, por ajo as e kishte ndër mend ta hetonte. Siç dukej ishte tepër e kënaqur me aventurën e vet dhe priste ethshëm vazhdimin. Të futej në rol, apo t'ia tregonte menjëherë të vërtetën e joshjes deri këtu? Po përderisa ishte gënjyer me dëshirë dhe i gjithë trillimi i pëlqente, atëherë përse të mos e vazhdonte derisa të mbante?

— Ti erdhe deri këtu për të parë ariun e bardhë, apo ariun e zi? — iu kthye duke bërë me shenjë prej vetes.

— Erdha, sepse ti më the të vija.

— U beson të gjithë njerëzve?

— Të gjithë miqve u besoj.

— Atëherë e paske bërë shpesh një aventurë të tillë.

— Jo, oqeanin e kalova për herë të parë. Asnjë nuk më ka thënë deri më sot se po të hash zemrën e shqiponjës ditën e Shën Valentinit do të jesh e lumtur përjetë. Ti më the, tek ti erdha.

Filloi të ndihej keq. Deshi ta shihte drejt e në sy për të kuptuar nëse kishte ndonjë qëllim tjetër ardhja e saj, nëse duke dashur të luajë me të, tjetra mund të kishte kurdisur plane shumë më djallëzore sesa një shaka idiote si ajo e tija. Mos kishte pas vetes ndonjë bandë djemsh, që do t'i kërkonin para? Mos ishte futur në ndonjë telash, nga i cili nuk mund të dilte dot pa dëme? Fundja, pse ta ndëshkonin? Ai nuk e detyroi vajzën ta kapërcente oqeanin; ajo është në moshë madhore dhe këtë gjë e kishte bërë me dëshirën e vet. Po i linte edhe pak kohë vetes për ta kuptuar më mirë tjetrën, por e shqetësonte ajo bredhja e syve të saj të papërqendruar. Të turbullt e bishtnues. Jo ikje për fshehje, por pamundësi përballje. Dukej se kishte një ankth a siklet. Dukej se të gjithë shakanë e kishte marrë kallëp për të vërtetë. Po në fakt, ai vetë, a nuk kishte dashur dhe shpresuar pikërisht këtë gjë? I tillë kishte qenë komunikimi i tyre; ai i shkruante gjithnjë për situata absurde me dëshirën që ajo t'i besonte. Me sy mbyllur. Nënshtrim pa kushte. Po çfarë do të mund të bënte ai me një të nënshtruar pa kushte? Pyetje pa vend. Me një vajzë me sy blu, që tërheq pas vetes një valixhe të vogël hutaqe dhe pret të bëhet e lumtur, ke shumë se çfarë të bësh.

— Të thashë se zemrat shpërndahen për një rast të veçantë.

— Ti më the, si sot java, se pikërisht në këtë orë pasditeje, nëse do të gjendesha këtu, do të jepja provën e një besnikërie të madhe dhe do ta meritoja lumturinë. Por këtu bën vapë...

E tha me siklet, duke tërhequr golfin e shtrënguar pas fytit.

Atij në të vërtetë nuk i dukej aspak vapë, por vërejti se vajza që nga çasti që i kishte mbirë përballë, nuk ishte ndier rehat: i rridhnin djersë dhe madje as dorën nuk ia kishte dhënë ende.

— Smith, dora vetë, i emëruar që sot mbreti i mashtruesve.

Po vajza nuk e zgjati dorën. I hodhi një të rrëshqitur sysh, një shikim të pakuptueshëm me bishtin hutaq dhe tha:

— Nuk kuptoj.

— Po bëj shaka!

— Ah, shaka! Atëherë për shaka unë mund të jem edhe një princeshë mongole, apo jo? Pra, për gjoja?

— Ti mund të zgjedhësh të jesh çfarë të dëshirosh për gjoja, e dashur, po së pari më jep dorën të prezantohemi.

Atëherë, vajza e zgjati dorën si me frikë dhe sapo ciku dorën e tij e tërhoqi me vrull.

– Bukuroshja e fjetur! – tha edhe ajo, sikur të ishte duke luajtur një rol në teatrin e shkollës.

Seç kishte diçka të pazakontë te kjo vajzë, në dukje më se e zakonshme.

– Atëherë, kur do ta hamë zemrën e shqiponjës?

– Kërkon pak mundim kjo gjë, nuk është aq e thjeshtë.

Djalin po e brente sërish dyshimi nëse vajza ishte vërtet naive apo kishte një qëllim të fshehur, sikurse ai. Megjithatë, menduar hollë-hollë, ai nuk kishte pasur aspak qëllim të fshehur. Ai nuk kishte pasur fare asnjë qëllim. Thjesht i kishte pëlqyer të luante ndoshta pak më tepër se ç'duhet me atë vajzë. Apo i kishte pëlqyer të ëndërronte? Tashmë që ëndrra i kishte zbritur në tokë dhe ndodhej dy hapa larg, u ndje si i ndotur, krahëprerë. Po nëse shikonte anën e mirë të çështjes, duhej të ndihej i lumtur: kush nuk do të donte që një ëndërr të bëhej realitet? Vajza ishte e këndshme, me trup të hedhur dhe flokë që i derdheshin shkujdesur supeve. Aq më tepër që jetonte vetëm prej vitesh. Do të mund të niste kështu një bashkëjetesë e dëlirë. Kjo ishte e dashur me provë. Kishte kaluar oqeanin për të.

– Po unë mendova se ti i ke marrë masat që zemra e shqiponjës të ishte gati. Unë kam ardhur prej larg veç për këtë gjë.

– Dhe unë e mbaj fjalën. Por, a nuk duhet të ketë një çmim të lartë një lumturi e përhershme?

– Po unë kam pak para me vete.

Këtaj here djali nuk mundi ta mbante të qeshurën me zë. Ishte vërtet tejet naive! Nuk kishte si të ishte ndryshe! Po nëse kërkesën do t'ia kishte bërë një maniak seksual apo vrasës profesionist, ajo po kaq lehtë do të ishte bindur? Vajza zuri të rrihte gishtërinjtë mbi tavolinë me nervozizëm, të tundte kokën sa majtas-djathtas dhe të përsëriste frazën:

– Po ti më premtove. Unë nuk kam shumë para. Sa mund të bëjë një zemër shqiponje?

Filloi të ndihej sërish nervoz. I kishte pëlqyer në faqen ku ishin njohur. Iu kujtua dita kur poshtë shqiponjës me frazën e tij: "Nëse do të jeni në gjendje të më mbërrini mua, do të mund të prekni lumturinë", vajza shkroi: "Po pasi t'ju mbërrijmë ju dhe lumturinë, çfarë na pret?". I ishte dukur një batutë e padëmshme dhe kishte vazhduar, aq më tepër që pamja e saj engjëllore, me një përparëse të bardhë kuzhine, duke përzier një tas akulloreje, i ishte dukur si gjetje jashtë mode për t'u paraqitur. Më pas u ishte bërë zakon të flisnin në mbrëmje. Një natë, kur ai kishte shkuar në një festë me miq deri në mëngjes, ishte habitur kur kishte vërejtur mesazhet e saj: plot njëzet të njëpasnjëshëm dhe sapo i ishte përgjigjur, ajo kishte vazhduar t'i shkruante. Kishte qëndruar zgjuar deri në katër të mëngjesit për ta pritur. "Nuk mund të flija pa të thënë natën e mirë", i kishte shkruar dhe menjëherë më pas e kishte mbyllur bisedën. Djali u ndje disi në faj, edhe pse ishte pa kuptim e gjitha. Ishte një e njohur e rastësishme me mijëra kilometra larg e nuk kishte asnjë detyrim për t'i treguar ditën e vet. Po që nga ajo natë, tre muaj më parë, nuk flinte pa i çuar edhe thjesht mesazhin e natës së mirë, edhe pse mund të mos fliste gjatë ditës me të. Pak gjëra dinte nga jeta e saj. Që i pëlqenin kafshët për shembull, kuajt në veçanti. Dhe se jetonte në një fermë të madhe në fshat. Që ndihej e vetmuar, kjo kërkonte shumë për t'u kuptuar. Fakti që kalonte ditën duke u kujdesur për shtëpinë dhe më pas për kuajt, sado të shumtë të ishin ata e sado e madhe shtëpia, tregonte se kontakti me njerëzit ishte i pakët. Po si mundej atëherë të merrte avionin kaq me lehtësi për të kaluar oqeanin e për të mbërritur në një klub të humbur malor në veri të Kanadasë? Edhe pse nuk bëhej fjalë për një kontinent të humbur e as për një shtet të padëgjuar, me siguri ajo vinte nga ndonjë prej atyre qoshkave ku nuk fryn shumë jetë. Një vend ku jeta kalonte gati njëlloj në të gjitha stinët. Si flokët e trasha të borës. Çfarë e kishte bërë që t'i besonte? Shakaja ishte bërë e vërtetë. Sikur ta kishte besuar edhe ai vetë disi. Më e pakta do të kishte marrë masat dhe nuk do të gjendej i papërgatitur. Vajza hovi në këmbë:

Tani më duhet të shkoj, ti duhet të më japësh zemrën dhe

unë të iki. Po bëhet vonë, - lëvizi vrullshëm nga karrigia, duke lëkundur si gjithnjë shikimin sa në njërën anë të barit në tjetrin.

– Ku mund të shkosh tani? Po erret. Do të shkojmë në shtëpinë time.

– Po, nëse e keni aty zemrën.

"Pse po ngulmon për një gjë kaq të pavërtetë? Pse po kërkon të jetë në shtëpinë time? Apo këtë ia ofrova unë?". Nuk ishte mirë ta çonte në shtëpi atë vajzë. Ishte si shumë e pazakontë. Qoftë takimi, qoftë kërkesa e vazhdueshme për një zemër.

– Po nuk besoj se je kaq naive sa të besosh se mund të kapërcehet oqeani për një zemër.

– Pse nuk duhet ta besoj?

– Sepse këto gjëra ndodhin në përralla.

– Dhe unë për përrallën kam ardhur. E ke ngrënë? Nuk më ke pritur? Ia ke dhënë dikujt tjetër?

Ky ishte kulmi! Kërkoi sytë rrëshqitës të vajzës, po ishte e pamundur t'i mbërthente. Vazhdonte ta nervozonte mënyra e saj e lëvizjes së syve dhe mospërqendrimi. Dukej sikur nuk ndiqte asgjë që po ndodhte aty, por tretej diku përtej. Në bisedat e gjata në internet natën vonë e kishte tërhequr mënyra se si rrëfente. Dinte tashmë diçka për familjen e saj: për babanë që vinte vonë në shtëpi, që ishte gjithnjë i dehur dhe flinte me gërhima. Për mamanë që ishte gozhduar në një faqe muri prej vitesh dhe nuk bëhej më e gjallë. Për vëllanë, që një ditë kishte fluturuar me avion drejt një qyteti të largët dhe nuk ishte kthyer më prej andej. Për këtë arsye kishte mësuar kompjuterin dhe futej me orë në internet dhe priste darkave të fliste me njerëz të largët. Ndodhte që ai ishte shumë i zënë, ndodhte të mos kishte kohë dhe atë e zinte gjumi mbi tastierë. Sekreti i parë që i besoi ishte se nuk flinte dot pa i thënë dikush "natën e mirë". Kaq. Ky kishte qenë zakoni i së ëmës para se ta çonte në shtrat. Zakon që babai nuk e përmbushte dot, sepse shpesh e zinte gjumi para se ta çonte atë për të fjetur. I vëllai kishte gjithnjë punë, shumë punë. I telefononte një herë në muaj, si robot. Edhe ajo bënte punë, por në orën dhjetë ishte gjithnjë aty për natën e mirë. Derisa dikush të kujtohej t'ia thoshte. Ai nuk kishte bërë gjë tjetër këto tre muaj, veçse një detyrë të këndshme me një vajzë të bukur nga fundi i botës. Duhej dalë nga situata e sikletshme, ankthi i vajzës po shtohej. Si mund t'i thuash një njeriu që të ka besuar duke kapërcyer oqeanin se e gjitha ishte një shaka?

– A mund të më thuash se si e gjete klubin dhe si arrite të mbërrije në orarin e duhur nga pika tjetër e globit?

– E thjeshtë, kam hartë, pastaj nga dita që më the se këtu ishte kaq e thjeshtë të gjeje lumturinë, u ngula në "Google" dhe hartova të gjitha rrugët për të mbërritur në vendin e duhur e në kohën e duhur. Ja... – rrëmoi në valixhen e saj hutaqe dhe zbrazi përpara një mori fletësh të shënjuara me lapsa me ngjyra. Kishte aty emra agjencish, qytetesh, orare avionësh, autobusësh... gjithçka.

– Po paratë si i gjete? T'i dha babai?

– Kam kursimet e mia. Që nga dita që kam lindur, – dhe sërish gërmoi fundin e valixhes dhe vuri përpara tij ca kartëmonedha të panjohura.

– Natyrisht nuk kam ardhur me këto. I kam këmbyer në aeroport ato që më duheshin dhe i kam në xhep. Jam në rregull! – shpalli e kënaqur, duke parë kësaj here për lart, në drejtim të një llambe të kuqe.

"Pra, përfundimisht, nuk është në rregull", mendoi dhe u ndie për herë të parë si kriminel. Shumë më tepër se kriminel. Do të kishte falur gjithçka për të pasur tani aty një zemër shqiponje. E pa një pa dy, mori thikën.

Mimoza Hysa është përkthyese, shkrimtare dhe studiuese. Ka mbaruar studimet për "Gjuhë dhe letërsi italiane" në Universitetin e Tiranës, si dhe për "Kulturë dhe letërsi italiane" në Siena, Itali. Ka mbrojtur titullin "Doktor" për shkenca letrare pranë Akademisë së Studimeve Albanologjike në Tiranë.

Si përkthyese letrare ka sjellë në shqip mbi tridhjetë vepra të autorëve të rëndësishëm të letërsisë italiane. Si shkrimtare është autore e katër vëllimeve në prozë: "Koha e erës",

2004, "Vend/imi", 2007, "Histori pa emra", 2008, "Bijat e gjeneralit", 2019, si dhe autore e studimit të parë monografik mbi krijimtarinë e Isuf Luzajt: "Esenca dhe ekzistenca e Isuf Luzajt", 2010.

Fituese e disa çmimeve kombëtare dhe ndërkombëtare si: çmimin "Ernest Koliqi" për tregimin më të mirë, 2004, nga gazeta "Fjala", çmimin e madh të karrierës për përkthyesin e huaj të vitit 2014, dhënë nga Ministria e Trashëgimisë dhe Aktiviteteve Kulturore të Italisë, çmimin "Përkthyesja e vitit 2018", dhënë nga Akademia Kult, Shqipëri, etj.

Aktualisht drejton Qendrën e Botimeve për Diasporën.

Cikël poetik

NIZAR KABANI

A nuk ulesh pak?

A nuk ulesh pak?
Se çështja është më e madhe
se unë dhe ti
Siç edhe e di...
ajo që ndodhi mes nesh,
nuk ishte vrimë në ujë,
por diçka e madhe, e madhe,
sa ky qiell.
Dhe në një çast dobësie,
si u vriska qielli?
A ulesh pesë minuta të tjera?
Në zemër kam shumë gjëra
dhe po aq trishtim.
Nuk është e lehtë t'i vrasësh ndjenjat në një çast
dhe dashurinë për ty ta hedhësh në plehra,
sepse një trashëgimi dashurie, poezie dhe trishtimi,
buke, kripe, duhani dhe kujtimesh,
na rrethon nga çdo anë.
Mendoje pak çfarë po bën,
sasi çështja
është më e madhe se ti,
më e madhe se unë.
Siç e di,
tani ndjej që kriza nuk është ilaç
i stacionit tonë,
se pëllumbi nuk është rruga e sigurisë,
se çështjet e vogla mes meje dhe teje,
nuk do të vdesin kaq lehtë

dhe se ndjenjat nuk ndryshojnë
siç ndërrojmë rrobat e bukura.
Nuk po orvatem të të ndryshoj mendje;
është vendimi yt,
por ndjej që rrënjët e tua shtrihen deri në zemrën time,
majtas dhe djathtas,
si thuhet rrethimi i zogjve dhe i detit
i verës dhe jaseminit.
Si pritet për dy sekonda,
shiriti që kemi tjerrë për dhjetëra vite?
Do mbush një gotë për vete,
po ti?
Po, më kujtohet që nuk pi.
Nuk jam kundër ikjes tënde, por
mendoj se qielli është vrenjtur
dhe kam merak mos të zë shiu.
Ç'të gjen të ulesh
sa të pushojë?
Çfarë dëmi ke
nëse vë pak rimel në sy?
Ke qarë shumë
dhe fytyra jote,
pavarësisht përzierjes së lotëve me rimel,
vazhdon të jetë si hëna.
Por...
Kam një propozim: të lexojmë ca poezi,
mbase do të na e thyejnë këtë mërzi.
Po thua që s'të pëlqejnë poezitë e mia?
Do ta pranoj këtë sfidë të re.
Më kujtohet

sa ngazëlleheshe me poezinë time.
I përqafoje shkronjat e mia mëngjes e mbrëmje.
E unë qesh
me tekat e grave.
Ulu pak, zonja ime,
çështja është më e madhe se ti dhe unë.
Siç e di...
A vazhdon të jesh e zemëruar?
Më fal, atëherë!
Gjithsesi, ti je e dashura e zemrës sime.
Po supozoj se jam sjellë si gjithë burrat,
disi i vrazhdë,
me vetëpëlqim.
A mjafton kaq për t'i prerë të gjitha urat?
Për t'i prerë të gjitha pemët?
Nuk po përpiqem të ta kthej vendimin,
por, tani e ndjej që
të të shkul nga nervi i zemrës është e rëndë,
të ekzekutoj dashurinë për ty është e vështirë,
dashuria jote është e vështirë,
urrejtja për ty është e vështirë,
dhe vrasja jote është ëndërr e largët.
Prandaj, mos më shpall luftë;
bukuroshet s'dinë të luftojnë.
Dhe mos qëllo djathtas
e majtas,
sepse, në fund të fundit,
nuk i vret dot të gjithë burrat,
nuk i vret dot të gjithë burrat.

Kërkoj të largohesh

Le të ndahemi pak
Për të mirën e kësaj dashurie
Për të mirën tonë
Le të ndahemi pak
Se unë dua ta shtoj dozën e dashurisë sime
Dua të të urrej pak
Për atë që na lidh
Kujtimet e shtrenjta që kemi
Dhe dashurinë e mrekullueshme
Që është ende e gdhendur në buzët tona
Dhe duarve
Për hir të letrave që më ke shkruar
Dhe fytyrës së mbjellë si trëndafil brenda meje
Dhe dashurisë tënde të mbetur në flokët dhe mollëzat e gishtave
Për hir të kujtimeve tona
Dhe trishtimit të bukur
Dhe kësaj dashurie, që është më e madhe se fjalët tona
Më e madhe se buzët tona
Për hir të historisë sonë të bukur të dashurisë
Të kërkoj të largohesh
Le të ndahemi të dashuruar
Si zogjtë, që çdo stinë
Braktisin rrafshnaltat
Edhe dielli, i dashuri im
Bëhet më i ëmbël kur orvatemi të mungojmë

Ji dyshimi dhe tortura e jetës sime
Ji legjendë, qoftë dhe një herë të vetme
Ji mirazh
Ji pyetje në gojën time
Pyetje pa përgjigje
Për hir të dashurisë të mrekullueshme
Që banon në zemër dhe sy
Që të jem gjithmonë e bukur
Që të jesh gjithmonë afër
Të kërkoj të largohesh
Le të ndahemi si dy të dashur
Le të ndahemi pavarësisht
Gjithë dashurisë dhe dhembshurisë
Nëpërmjet lotit, i dashur
Vështromë
Nëpërmjet zjarrit dhe tymit
Dua të më shohësh
Le të ndahemi, të qajmë i dashur
Se e kemi harruar me kohë
Bukurinë e lotit
Le të ndahemi...
Që dashuria jonë mos të bëhet e rëndomtë
E hir të bëhet malli
E lulet të vyshken në vazo
Ji i sigurt, i vogli im
Dashuria jote akoma ma mbush syrin dhe ndërgjegjen
Vazhdoj të jem e dhënë pas dashurisë tënde të madhe
Ëndërroj akoma se do jesh i imi
O kalorësi dhe princi im

Por, unë... unë
I frikësohem pasionit tim
Kam frikë si ndihem
Kam frikë nga emocioni
Kam frikë nga ndjenja
Kam frikë mos lodhet malli ynë
Kam frikë nga lidhja jonë
Kam frikë nga përqafimi ynë
Në emër të dashurisë së mrekullueshme
Që lulëzoi si pranvera brenda nesh
Që rrezatoi si dielli brenda syve tanë
Në emër të historisë më të bukur të dashurisë sonë
Të kërkoj të largohesh
Që dashuria të mbetet e bukur
Që të kemi jetë të gjatë
Të kërkoj të largohesh...

Zgjidh e merr

Zgjidh e merr, o zonjë,
të vdesësh mbi kraharorin tim,
apo mbi shënimet e poezive të mia.
Zgjidh dashurinë apo refuzimin;
paburrëri është të mos zgjedhësh.
S'ka zonë rehatie të mesme,
mes parajsës e ferrit.
Hidhi të gjitha letrat e tua,
unë do ta pranoj çdo vendim.
Fol, reago, shpërthe,
por mos qëndro si gozhdë,
se nuk mund të pres gjatë,
si kashta në shi.
Zgjidh njërin fat nga të dy;
të egra janë fatet e mia,
e topitur je ti, e frikësuar,
të gjatë e kam rrugëtimin unë.
Kridhu në det ose ik,
det pa dallgë s'ka.
Dashuria është beteja e madhe,
është lundrim kundër rrjedhës,
është kryqëzim, torturë, lot,
është ikje mes hënash.
Më vret pavendosmëria jote, o grua;
argëtohesh pas perdes

e unë nuk i besoj një dashurie,
që s'mbart frymën revolucionare,
që nuk thyen gardhe,
që nuk godet si uragan.
Ah... sikur të përpihesha nga dashuria jote
e të më shkulë si tornadot!
Zgjidh e merr, o zonjë,
të vdesësh mbi kraharorin tim,
apo mbi shënimet e poezive të mia.
S'ka zonë rehatie të mesme,
mes parajsës e ferrit.

Shqipëroi Elmaz FIDA

INTERVISTË ME SHKRIMTARIN

Besnik Mustafaj

"Jo rrallë ndodh ta prish e ta hedh në kosh atë që kam shkruar. Sepse... shkruaj vetëm me stilograf. Kurrë në kompjuter. Sa fjalë apo faqe? Nuk e di dhe nuk i caktoj kurrë vetes norma me faqe apo me fjalë."

Besnik Mustafaj ka lindur në vitin 1958 në Tropojë dhe ka studiuar në Universitetin e Tiranës për gjuhë dhe letërsi franceze. Është një nga protagonistët e lëvizjes studentore të dhjetorit 1990 dhe bashkëthemelues i Partisë Demokratike. Në mars 1991, në zgjedhjet e para të lira u zgjodh deputet në Kuvendin e Shqipërisë. Mustafaj është dhe një nga figurat e rëndësishme të diplomacisë shqiptare, si Ambasador në Francë dhe Ministër i Punëve të Jashtme. Në vitin 2007, me largimin nga politika, themeloi Forumin Shqiptar për Aleancën e Qytetërimeve, që e drejtoi deri në vitin 2019 në shërbim të dialogut ndërfetar. Është President i Këshillit të Ambasadorëve shqiptarë. Me gjithë arritjet në politikë, Mustafaj ia dedikon tani plotësisht kohën shkrimit e publicistikës, me një veprimtari të gjerë letrare, të vlerësuar nga kritika dhe publiku në Shqipëri dhe jashtë vendit. Një pjesë e mirë e krijimtarisë së tij është përkthyer në gjuhë të tjera dhe pesë nga veprat e tij janë përshtatur për teatër dhe film.

Intervistoi Dritan Kiçi.

Intervistuesi: *A po shkruani diçka në këtë moment?*

Besnik Mustafaj: Po. Qysh nga viti 2009, kur dhashë dorëheqjen nga politika, për t'iu kushtuar me kohë të plotë letërsisë, shkruaj çdo ditë. Madje edhe të dielën. Edhe më 31 dhjetor apo 1 janar. Përjashtim bëjnë vetëm ditët kur jam në

udhëtime. Nuk shkruaj nëpër hotele. As nëpër kafene.

Intervistuesi: Çfarë po shkruani?

Besnik Mustafaj: Po i jap dorën e fundit një romani, që do ta botoj në vjeshtë, siç i nxjerr zakonisht librat e mi të rinj. E kam gjithmonë shumë të vështirë ta përmbledh në disa fjali temën e romanit që po shkruaj apo dhe veprave të mia në përgjithësi. I kërkoj ndjesë lexuesit të Revistës Letrare, që po e lë pa përgjigje këtë pjesë të pyetjes.

Intervistuesi: Gjithë shkrimtarët kanë rutinën e tyre; si është një ditë e zakonshme kur shkruani?

Besnik Mustafaj: Dita kur shkruaj, si ditët e mia në përgjithësi, mund të konsiderohen nga një vëzhgues i jashtëm si tmerrësisht monotone. Zgjohem rreth orës shtatë dhe në tetë ulem në tryezën e punës, me rregullsinë e një nëpunësi banke, për t'u ngritur zakonisht në orën njëmbëdhjetë. Mund të më ndodhë ta lë punën gjysmë ore para këtij orari kur shkrimi nuk "dëshiron" të ecë ose e zgjas deri në mesditë kur ecën shumë mirë dhe ndjej dëshirë ta përfundoj paragrafin e radhës.

Intervistuesi: Keni ndonjë vend të veçantë pune, apo shkruani kudo ku gjendeni?

Besnik Mustafaj: Gjithmonë kam patur një vend të veçantë ku shkruaj. Qysh nga viti 2004, kur përfundova ndërtimin e shtëpisë në Priskë, në Dajt, kam një studio shumë të mirë, ku ndihem mirë e në paqe. Më parë shkruaja gjithnjë në kuzhinë, në të njëjtën tryezë ku gruaja gatuante, më hekuroste këmishët dhe ku hanim me fëmijët. Madje, kjo tryezë ka qenë vendi im i shkrimit edhe gjatë viteve kur jetoja në Paris si ambasador. As si ambasador nuk kisha ndonjë dhomë pune, sado të vogël.

Tani që mendoj në retrospektivë, më duhet të pohoj se kurrë nuk kam shkruar letërsi në zyrë dhe kurrë nuk kam sjellë në shtëpi diçka që lidhej me punën. Madje as kur isha gazetar nuk shkruaja kurrë në shtëpi. Aktivitetin e rrogëtarit dhe politikanit e kam ndarë gjithnjë rreptësisht me aktivitetin e shkrimtarit. Kjo ishte mënyra më e mirë jo vetëm për ta ndarë me "thikë" kohën, por edhe për t'i dhënë "shkrimtarit" izolimin e nevojshëm.

Intervistuesi: Përmendët që shkruani më e shumta deri në mesditë; sa faqe (ose fjalë) bëhen në një ditë produktive?

Besnik Mustafaj: Mirëfilli, siç thashë, shkruaj mesatarisht tri orë në ditë, në mëngjes. Në tryezën e punës jam edhe pasdite, nga ora pesë deri në shtatë. Por, më së shpeshti, pasditen e përdor për përgatitjen e asaj se çfarë do të shkruaj të nesërmen. Qëllon edhe të përfundoj ndonjë paragraf apo kapitull të lënë pezull në mëngjes. Në mbrëmje, pas darkës, deri në mesnatë, zakonisht lexoj, por edhe plotësoj përgatitjet për çfarë do të shkruaj të nesërmen. Mbrëmjen e përdor edhe për verifikimin e dyshimeve mbi atë që kam shkruar në mëngjes. Jo rrallë ndodh ta prish e ta hedh në kosh atë që kam shkruar. Sepse... shkruaj vetëm me stilograf. Kurrë në kompjuter. Sa fjalë apo faqe? Nuk e di dhe nuk i caktoj kurrë vetes norma me faqe apo me fjalë.

Në mbrëmje shkruaj herë pas here edhe artikuj për gazetat, ku shpreh qëndrimet e mia ndaj zhvillimeve të ndryshme të aktualitetit në botën shqiptare apo përgatis ligjëratat për konferencat ku marr pjesë. Paradite nuk kam kohë për tekste të tilla.

Intervistuesi: Shkruani me frymëzim apo me vullnet?

Besnik Mustafaj: Me të dyja. Por kryesisht me disiplinë. Lidhur me frymëzimin jam i një mendjeje me Markezin, i cili thoshte se ai (frymëzimi) vepron vetëm në fazën kur zgjedh subjektin që do shkruash.

Intervistuesi: Nëse do mundje, ç'këshillë do i jepje vetes në rini për metodën dhe procesin e shkrimit?

Besnik Mustafaj: Të them të drejtën, nuk e di! Çfarë këshille do t'i jepja vetes djaloshar? Ndoshta do ta këshilloja ta shpërdoronte më pak kohën. Por dyshoj në do të vazhdonte pastaj t'i pëlqente ëndrra për t'u bërë poet, po ta detyronte veten të mbante një axhendë për të shmangur shpërdorimin e kohës.

Intervistuesi: E konsideroni veten një shkrimtar zhanri, apo jo?

Besnik Mustafaj: Të them të drejtën nuk e kam menduar ndonjëherë një pyetje të tillë. Kam shkruar dhe vazhdoj të shkruaj poezi, prozë dhe skenarë filmash me metrazh të gjatë. Brenda prozës kam shkruar tregime, romane, novela, ese letrare, ese politiko-letrare. Në fillim lind brenda meje ajo që kam dëshirë ta them, pastaj vjen zhanri në të cilin do ta them.

Intervistuesi: A keni ndonjë temë të preferuar, që do donit ta shkruanit më tepër?

Besnik Mustafaj: Besoj se një pjesë e madhe e krijimtarisë sime ka në qendër temën e marrëdhënieve vartësore që ka njeriu shqiptar me historinë. Brenda kësaj teme të gjerë është edhe tema e marrëdhënieve aspak të lumtura, aspak harmonike, që ka patur e vazhdon të ketë shqiptari me lirinë politike.

Intervistuesi: Si e gjeni historinë apo fabulën e një libri?

Besnik Mustafaj: Kurrë nuk kam nxjerrë nga vetja zanafillën e një fabule apo historie që do ta shkruaja, qoftë si tregim apo roman. Zakonisht e kam dëgjuar diku, si diçka që i ka ndodhur dikujt ose e kam lexuar. Pastaj, sigurisht, e zhvilloj rrëfimin me fantazinë time.

Intervistuesi: A e rishkruani apo redaktoni shpesh materialin e shkruar?

Besnik Mustafaj: Rishkruaj shumë. Asnjë nga romanet e mia nuk ka shkuar te botuesi pa u rishkruar nga fillimi të paktën pesë apo gjashtë herë. Gjatë rishkrimit kënaqem më shumë se gjatë shkrimit fillestar.

Intervistuesi: Çfarë gabimesh nuk i falni vetes në procesin e shkrimit?

Besnik Mustafaj: Nuk mendoj se ka ndonjë gabim, që nuk do t'ia falja vetes në ato që shkruaj. Tjetër gjë është kur dorëshkrimi ka mbërritur në tryezën e botuesit. Atëherë nuk do ia falja vetes as edhe një gabim, që kalon deri në versionin përfundimtar, domethënë te libri i shtypur, dhe ka ardhur për shkak të neglizhencës time, qoftë në verifikimin e fakteve apo në përdorimin e gjuhës.

Intervistuesi: Çfarë gabimesh nuk i falni autorëve që lexoni?

Besnik Mustafaj: Të njëjtat gabime që nuk ia fal vetes, nuk ia fal askujt tjetër.

Intervistuesi: Kush mendoni se janë mjetet kryesore në zanatin e shkrimtarit?

Besnik Mustafaj: Gjuha dhe vetëm gjuha. Asnjë mjet tjetër nuk është kaq kryesor e i rëndësishëm sa gjuha.

Intervistuesi: A keni ndonjë lexues të veçantë para botimit?

Besnik Mustafaj: Kam një dorë miqsh, të njëjtët prej kohësh, të cilët m'i lexojnë dorëshkrimet para se t'i çoj për botim. Në pritje të përgjigjes së tyre, jam gjithmonë në ankth e ia vlerësoj gjithnjë mendimin e mundimin.

Intervistuesi: *A ju pëlqen kritika dhe nga kush?*

Besnik Mustafaj: Mendoj se në kontekstin shqiptar nuk duhet shtruar pyetja nëse më pëlqen kritika apo jo. Kritikën e ardhur nga lexuesit e parë, që përmenda më lart, e marr gjithmonë fort seriozisht. Kritikë letrare, në kuptimin që i jepet kësaj disipline shkrimore në teorinë e letërsisë, te ne nuk ka. Dhe nuk ka patur, të paktën qysh kur kam nisur të botoj, para 45 vjetësh. Pra, nuk e kam njohur dhe nuk di si do të ndjehesha po të bëhej vepra ime objekt i saj.

Intervistuesi: *Çfarë do dëshironit të lexonit më tepër në letërsinë e re shqipe?*

Besnik Mustafaj: Në moshën që jam, nga letërsia shqipe lexoj kryesisht letërsi bashkëkohore, me përparësi të rinjtë. Lexoj po ashtu përralla dhe shumë libra me kujtime, nga njerëz që nuk janë shquar në jetë, por që në pleqëri janë joshur të tregojnë historinë e tyre siç e mbajnë mend apo shpesh siç do t'u kishte pëlqyer që jeta e tyre të mbahej mend. Sot dalin pa fund libra të tillë, që zakonisht autorët i botojnë me shpenzimet e veta. Nëpër to gjej jetën time apo të prindërve të mi dhe, më e rëndësishmja, gjej një pasuri të madhe detajesh dhe informacionesh, që nuk do të mund t'i trilloja, aq domethënëse për prozën time.

Intervistuesi: *Ç'do i këshillonit një të riu, që dëshiron të bëhet shkrimtar?*

Besnik Mustafaj: Të lexonte Rilken: "Letër një poeti të ri".

Intervistuesi: *Ç'këshillë do i jepnit vetes, si një "alter ego"?*

Besnik Mustafaj: Të çlirohej nga ankthi se nuk do t'i mjaftojë jeta që ka përpara për të shkruar sinopset që ka nëpër fletore. Egoja ime ka nevojë ta pranojë këtë fakt e të mësohet me të për t'u çliruar vërtet nga një ankth i tillë. Jeta është kjo që është e duhet shijuar.

Intervistuesi: *Nëse do i këshillonit krijuesve të rinj një nga librat tuaj, nga i cili mund të mësonin, cili do ish?*

Besnik Mustafaj: Do të më pëlqente t'u këshilloja tri libra, nëse më lejoni: përmbledhjen me poezi "Biri i Adamit" dhe romanet "Gjinkallat e vapës", dhe "Autoportret me teleskop".

Krijimtaria

Romane: *Vera pa kthim, Gjinkallat e vapës, Një sagë e vogël burgu, Daullja prej letre, Boshi, Autoportret me teleskop, Ëndrra e Doktorit, Dëmtuar gjatë rrugës.*

Ese: *Midis krimeve dhe mirazheve - Shqipëria, Fletorja rezervat, Bishti i kometës, Letrat e mia kredenciale.*

Poezi: *Legjenda e lindjes time, Biri i Adamit.*

Tregime: *Historia si një mushkë.*

Teatër: *Doruntina bijë – motër.*

Romanet "Vera pa kthim" dhe "Daullja prej letre" janë bërë filma, "Vera pa kthim" dhe Gjinkallat e vapës" janë përshtatur për teatër, i pari në Pragë, i dyti në Tiranë. "Një Sagë e vogël" është në proces produksioni për teatër në Itali.

Editions Actes Sud:

Entre crimes et mirages, l'Albanie (Midis krimeve dhe mirazheve) essai

Un été sans retour (Vera pa kthim) roman

Les cigales de la canicule (Gjinkallat e vapës) roman

Petitê saga carcerale (Nje sagë e vogël) roman

Le tambour de papier (Daullja prej letre) roman – Prix Mediterranée étranger, çmimi më i rëndësishëm për një romancier, që vjen nga një vend i Mesdheut. Nga letërsia italiane këtë çmim e kanë marrë Antonio Rabucchi për romanin "Pereira pretend" dhe Umberto Eco për "Emri i trëndafilit".

Editions Grasset

Pages réservées (Fletorja rezervat) Ditar

Editions Albin Michel

Le vide (Boshi) roman – Nominuar per çmimin Médicis étranger, çmimi më i rëndësishëm në Francë për letërsinë e përkthyer.

Cikël poetik

BRIKENA QAMA

Dallëndyshja

Në shportën tënde të kashtë
tre cicërima të buta zgjojnë diellin
ti vjen bashkë me të prej arës
si një flamur i paqtë
me sqepin mbushur jetë

Mërmëritje brenda kafkës

Të pata thënë, të kujtohet?
T'i futësh gjërat në një kutizë
e pastaj ta fshehësh diku,
ku as vetja mos të mundet dot ta gjejë,
nuk është zgjidhja.
Pas kaq vitesh e kërkon ende,
të vërtetosh parashikimet e asaj kohe
dhe të justifikosh boshllëqet e deritanishme.
E dashur vete!
Shiko se si i hedh hapat,
shiko shpinën e kërrusur,
vështrimin e kamufluar me vetëbesim,
nevojën e përhershme për më shumë ajër.
Shiko si gjen gjithmonë gabime e të meta te vetja
e tek askush tjetër asgjë nga këto.
Veç një fjali e mban mend në kuti,
një fjali, që fle me mëshirën tënde asokohe,
e ti çfarë zgjedh tani në kërkim të vendit të fshehtë?
Sapo gjete një tjetër skutë edhe më të errët,
edhe më të pagjetshme,
kësaj here për t'u fshehur e gjitha.

Nga një botë në tjetrën

Tridhjetë e gjashtë vjetët e jetës
pikuan ngadalë gjithë natën
mëngjesi i gjeti
tek u jepnin lamtumirën e fundit të brymtë
kalimtarëve të pataksur.
Ajo e qeshur
e lumtur
si çdo herë kur era luante me flokët e saj.
Disi kështu nisin gojëdhënat
me currila lotësh, që gëlojnë gjelbërim e jetë.

Shtëpia e gjyshes

Çdo tjegull e saj:
një gëzim
psherëtimë
vaj
hare
mallkim
ikje
ringjallje
mëri
vegim
zemërim
lëngim
çlirim
shtëpia e gjyshes ka aromë çaj mali, frutash të thata e malli
ka ëndrra të thurura në hojet e perdeve të dritareve
mikroskopike
e të tjera në trarët ngjyrë arre, që presin frymën dhe hijen
të vijë t'i zgjojë.

Pendim i anasjelltë

Më ndje që veten ta vara shpatullave
e kërrusjes tënde i dhashë një emër të përveçëm gruaje!
Edhe një hap,
edhe një të vetëm,
të fundit,
deri sa të ngopesh me mëkatin e përzgjedhjes të të qenit unë,
tej vetes
deri sa të venitet brengosja që të ka lënë shenjën e rrufesë në
lëkurë.
Nuk janë damarë të zakonshëm gjaku ata që duken,
janë përcjellës të gruas që ke mbi supe deri në kockë, në thonj,
në flokë,
asaj gruaje shtatvogël, me prekjen djallëzore që ledhaton
aurën tënde,
duke kafshuar cepin e buzës gjithë epsh,
sa herë ty të bulon një vesë djerse e një ofshamë e frikur, fikur
sakaq.

Llambë në dritare

TRUMAN KAPOT

Njëherë më ftuan në një dasmë. Dhëndri më këshilloi të kthehesha nga Nju Jorku me një nga çiftet e ftuara, zonjën dhe zotin Robert, të cilët nuk i kisha takuar kurrë më parë. Qe një ditë e ftohtë prilli dhe udhës për në Konektikat, Robertët, në prag të dyzetave, dukeshin të këndshëm; jo prej atyre me të cilët ke dëshirë të kalosh një fundjavë të gjatë, por jo të këqij.

Nejse, gjatë dasmës, një sasi e madhe pijesh u harxhua e mund të them që një të tretën e tyre e pinë shoferët e mi. Ata u larguan të fundit prej mbrëmjes, aty nga ora njëmbëdhjetë. Ishte shqetësuese ta bëja udhën me ta; e dija që kishin pirë, por s'qesh në gjendje të kuptoja sa të dehur ishin. Pasi udhëtuam nja njëzet-tridhjetë kilometra, makina filloi të lëkundej seriozisht, ndërsa çifti nisi të shahej mes vetes me një gjuhë të jashtëzakonshme (thua se ndodheshim në pjesën e teatrit "Kush ka frikë nga Virxhinia Ulf"), kur zoti Robert, në mënyrë krejt të kuptueshme, bëri një kthesë të gabuar. Humbëm në një rrugë të errët mes fushave. U kërkova e pastaj iu luta ta ndalonin makinën, të zbrisja, por ata ishin aq të përfshirë në sherrnajën e tyre saqë as u ra ndërmend për mua. Befas, makina u ndal me vullnetin e saj, pasi u përplas hundë për hundë me një pemë buzë rruge. Shfrytëzova rastin e u hodha nga dera e pasme; me vrap u futa në pyll. Makina e mallkuar ia doli të nisej prapë, duke më lënë vetëm mes errësirës e të ftohtit. Jam i sigurt që Robertëve nuk iu bë vonë fare për mua. Zoti i madh e di: as mua s'më mori malli për ta.

Por s'qe ndonjë kënaqësi e madhe të gjendeshe i braktisur aty, në një natë me erë të akullt. Nisa të eci me shpresën se do të dilja diku afër ndonjë autostrade. Përgjatë një gjysmë ore s'më zunë sytë asnjë vendbanim. Pastaj, veç pak jashtë rrugës, pashë një shtëpi druri të vogël, me një portë dhe dritare të ndriçuar nga një llambë. Iu afrova në majë të gishtave dhe këqyra nga dritarja; një grua e moshuar, me flokë të buta e të bardha, me një fytyrë të harkuar hijshëm, ulur pranë zjarrit, lexonte një libër. Një mace e mbështjellë i rrinte në prehër, ndërsa disa të tjera i koteshin te këmbët.

Kërcita në derë e, kur ajo e hapi, i thashë duke m'u dridhur dhëmbët:

Më vjen shumë keq që ju shqetësoj, por pata një aksident e po mendoja nëse mund ta përdor telefonin tuaj.

Oh, i shtrenjti im! - tha duke qeshur. - Po unë nuk kam telefon. Sa keq! Por, të lutem, hyr brenda!

Sapo hyra në dhomën e ngrohtë, ajo shtoi:

O Zot i madh, po ti paske ngrirë së ftohti! Ta bëj një kafe? Një gotë çaj? Kam edhe pak uiski të mbetur nga im shoq. Ai vdiq para gjashtë vjetësh.

I thashë se një gotë uiski ishte e mirëpritur. Ndërkohë që ajo kërkonte shishen, ngroha duart në zjarr dhe hodha vështrimin nëpër dhomë. Qe një vend i këndshëm, banuar nga gjashtë-shtatë mace të ngjyrave të ndryshme. Pashë titullin e librit që zonja Keli - emri i saj, siç e mësova më vonë - po lexonte: "Emma" nga Jane Austen, autore shumë e dashur për mua.

Kur zonja Keli u kthye me gotën e mbushur me akull dhe një çerek shisheje të pluhurosur uiski, më tha:

Ulu, ulu. S'ndodh shpesh të më vijë dikush. Sigurisht kam macet e mia. Por ti do ta kalosh natën këtu. Kam një dhomë të vogël për miqtë, që pret prej kaq kohësh të ketë një mysafir. Nesër në mëngjes mund të shkosh në drejtim të autostradës, të gjesh dikë të të çojë deri në qytet dhe një mekanik për të riparuar makinën. Është veç gjashtë kilometra larg.

Po mendoja, siç duket me zë, se si mund të jetohej në aq vetmi, pa transport e pa telefon. Ajo më tregoi se miku i saj i mirë, postieri, kujdesej për gjithçka i duhej.

Alberti. Ai është shumë i dashur dhe i besueshëm. Por, e keqja është se vitin tjetër do dalë në pension. Nuk e di si do t'ia bëj. Por diçka do ma sjellë zoti. Ndoshta ndonjë postier tjetër po kaq të sjellshëm. Por, tregomë, çfarë aksidenti të ka ndodhur?

Kur i tregova krejt të vërtetën, ajo tha e zemëruar:

Ke bërë gjënë e duhur! Unë s'do vija kurrë këmbë në makinën e një njeriu që veç i ka marrë erë një gote me ponç! Ashtu e humba tim shoq. Dyzetë vjet të martuar, dyzetë vjet të lumtur dhe e humba, sepse një shofer i dehur e hodhi përdhe. Po t'mos kishin qenë macet e mia...! – dhe përkëdheli njërën me vija të portokallta, që gërhiste mbi gjunjët e saj.

Biseduam kështu rreth zjarrit derisa sytë m'u rënduan. Folëm për Jane Austin - "Ah, Jane. Tragjedia ime është se i kam lexuar disa herë gjithë librat e saj e pothuajse i di përmendsh" - dhe për autorë të tjerë, që i admironim: Thoreau, Willa Cather, Dickens, Lewis Carroll, Agatha Christie, Raymond Chandler, Hawthorne, Çehov, De Maupassant. Ajo grua qe e interesuar për gjithçka; inteligjenca ia shkëlqente sytë e larmë, jeshile në kafe, po aq sa llamba që ndriçonte në tavolinën e vogël pranë saj. Folëm për dimrat e ashpër të Konektikatit, politikanët, për vende të largëta ("S'kam qenë kurrë jashtë vendit, por, nëse ndonjëherë do më jepej mundësia, do shkoja në Afrikë. Shpesh kam ëndërruar për kodrinat e saj të gjelbra, për nxehtësinë, gjirafat e bukura, elefantët që ecin e ecin"); për fenë ("Sigurisht që jam rritur si katolike, por, tashmë, gati më vjen keq ta them, kam një mendje të hapur. Ndoshta ngaqë kam lexuar shumë"); për kopshtijet ("I mbjell vetë, sa për t'i pasur të gjitha perimet që më duhen"). Në fund shtoi:

Më fal që po dërdëllis kaq gjatë! Ti s'mund ta marrësh me mend sa kënaqësi më dha kjo bisedë. Gjithsesi, koha për gjumë. E di, se edhe mua po m'afrohet.

U ngjitëm bashkë deri te dhoma e miqve. U shtriva në një shtrat të gjerë e të rehatshëm. Ajo më uroi gjumë të mirë, me ëndrra të ëmbla. Ashtu siç isha, nisa të mendoja për mbrëmjen. Çfarë përvoje e veçantë: një grua e moshuar, që jeton vetëm në këtë rrethinë të egër; një i huaj i troket në derë pothuajse në mesnatë e ajo, jo veç ia hapi derën, por e ftoi brenda dhe e mirëpriti. Në vendin e saj, dyshoj nëse do kisha kurajë ta bëja këtë gjë, aq më pak të flisja për bujari.

Të nesërmen, më kishte përgatitur mëngjesin. Kafe, drithëra me pak sheqer e krem të tundur. Isha aq i uritur, sa hëngra me kënaqësi. Kuzhina ishte në gjendje më të keqe se dhomat e tjera: një stufë, një frigorifer rrangallë e gjithçka dukej në prag të rrënimit. Gjithçka, me përjashtim të një objekti modern, një frigoriferi për ngrirje të thellë, vendosur në një qosh.

Ajo fliste gjithë kohës.

I dua shumë zogjtë. Ndihem fajtore që s'mund t'u hedh thërrime gjatë dimrit, pasi s'dua që të rrinë rreth e rrotull shtëpisë; shkaku i maceve! A të pëlqejnë?

Po, njëherë kam pasur një siameze, e quanin Toma. Jetoi gati dymbëdhjetë vjet. Udhëtonim kudo bashkë, anë e mbanë botës. Kur u shua, s'pata më zemër të merrja tjetër!

Ah, pra ndoshta mund ta kuptosh këtë, – më tha, duke u drejtuar për nga frigoriferi i ngrirjes së thellë dhe e hapi.

Brenda tij s'kishte asgjë tjetër veçse mace, shumë mace të ngrira, të ruajtura në mënyrë të përsosur. Kjo më dha një ndjesi të çuditshme.

Janë miqtë e mi të vjetër! Prehen në paqe! Nuk mund ta duroja humbjen e tyre! Plotësisht! - ajo qeshi e pastaj shtoi: - Ma merr mendja që po të dukem pak e çmendur!

"Pak e çmendur. Po, pak e çmendur", po mendoja tek ecja poshtë qiellit gri, në drejtim të autostradës, "Por e shndritshme, si një llambë në dritare".

Shqipëroi nga anglishtja Arbër Ahmetaj

Cikël poetik

ZHANETA BARXHAJ

✶✶✶

Më vranë këto dreq këpucësh,
e nuk di, a u rrita një numër,
a ngrënë koha i kish!?

I shtyp shputat me gishtat e ngrirë,
dhimbjes e shtrëngimit të gjakut gjymtyrëve
dhe nis ëndërroj për atë kohë,
kur zharg tërhiqja këpucët e mamit.

Pllaquritej këmba ime e vogël,
pa vraja e pa ngushtime mbi takat,
që shllap-shupeshin rrugës deri te pasqyra.
Po sot, për deri ku jam nisur?!

✶✶✶

Më mungon,
sa hapat e mi kuturu këtij qyteti,
enden të pagjurmëta,
pa peshë, të ajërt,
si balona në zemër të boshllëkut.

Më dhemb,
sa zëri im qosheve ka humbur,
si jehonë e largët,
që nuk të mbërrin.

Më djeg,
sa zemra ime bërë prush,
rrëmon të fryjë kongjijtë,
e në shkreptima flake,
të shohë sytë e tu.

Të dua,
aq sa pas kësaj,
nuk mund të të prek më,
nga frika se mos më rrënon kujtimin.

✷✷✷

Dielli shtron çakëll,
nga ai me peta të mëdha.
I shtron gjithë kujdes,
si të mos prishen më.
Shtron udhën,
ngre velat e varkës,
asaj të fundit drejt Hadit.
Cerberi në këmbët e tij
flijonte demat e zinj.
Me pllaquritje këmbësh,
të lodhura, të rreshkura,
e shënjoi dielli udhën.
Ikte me kokën pas
dhe hidhte kokrra gruri të arta,
për të siguruar rikthimin...

✱✱✱

Krejt dritën merre,
frymën,
shpirtin,
ashtin e mishin,
por mos më merr vërtetësinë.

Krejt natën rrëmbeje,
gjumin,
ëndrrat,
qetësinë,
yjet dhe epshin,
por mos më merr dashurinë.

Krejt detin thaje,
lulet,
aromën,
borën dhe ngrohtësinë,
por mos më merr rininë.

Merri të gjitha,
t'i kam falur,
por mos ma rrëmbe kryqin tim,
mos ma rrëmbe as mëkatin.

Merri pra, pa pendesë,
më lër veç të vërtetën,
dashurinë,
rininë
dhe mëkatin.

***

Notin e mësova herët,
kur zhytesha blusë së feksur errëtinave.
Hënës ia futa këmbkat e rreth belit e shtrëngova,
si kamerdare gjysmë të shfryrë shtrëngate.

Me të veshur notova larg,
aq sa kandilat e qiellit u zhdukën.
Ne të dyja humbëm hapësirës së pamatë,
me diellin, që thikën pas shpine na kish ngjeshur...

Pikonim ujë kohës së syve
e shpinës derdhnim gjak.
Dikur, e mora hënën e shfryva,
e mbylla në sirtar...
Tash diellit e vetme mund t'i dal përballë!

E mësova notin thellësive;
hënën dhe diellin pata kumbarë.

***

Lëre heshtjen t'i fshijë gjurmët tona,
të pashkelura,
të pashenja,
të eterta.

Lëre syrin e qiellit të shuajë sytë tanë,
kurrë parë njëri-tjetrin,
kurrë humbur thellësive,
kurrë xixuar dashurive.

Lëre frymën tonë ta marrë era,
ashtu të pandier ngrohtësie,

të panginjur dëshire,
të pahukatur buzëve e syve.

Lëre ëndrrën tonë në marri,
të arratiset syve,
e pa ëndërruar,
e paprovuar
e thyer mërive.

Lëri hijet tona ta mbysin dritën,
që dikur na vezullonte,
e pastër,
e derdhur lotësh
e dehur dashurie.

Hesht, mbyte në heshtje çdo fije marrëzie
dhe kurrë mos u kthe arratie.
Pa gjurmë, pa sy, pa frymë, pa ëndërr, pa dritë,
largohu si një hije.

✷✷✷

Duke shpënë kafkën
retë u mblodhën majë malit.
Prej aty nisi,
aty sosi,
buçima e tokës
dhe vërshoi qielli.

-Blofsha kockat e mia,
nuk e bëra unë,
prafullonte toka.
-Nuk e urdhëroj dot qiellin,
unë gjithmonë pres.
Pres, çfarë do më sjellë!

E kështu ngeli,
pa kokë, pa këmbë.
Veç tërmete toke
dhe rrufe qielli.

***

Lëvizin trupat e bardhë poshtë meje.
Zogj që vërvitin lart e poshtë
kotësinë njerëzore, me bileta në duar.
-Për ku e ke biletën zotëri?
-Për në vendin e dhunës.
-Po ti zonjë, për ku e preve?
-Për në vendin e sorrave.
-Po ti atje?
-Për në vendin ku buzëqeshja ka ngrirë,
ku seksi quhet dashuri,
ku ëndrrat janë nxirë.
-Ku është ky vend, zotëri?
-Kudo ku ka ajër, ku ka njeri.
-Po vendi yt zonjë, cili është?
-Atje ku kafshët kanë më tepër besë.
Atje në cepin e largët në Antarktidë,
në Ekuador e në jug.
-Ah! Kudo ku ka tokë,
 ku shkel një këmbë dhe hap një gropë.

Në çdo cep ku ka njeri,
shkon e vjen ky zog kotësie.
Unë vazhdoj e pyes,
me shpresën e një destinacioni lumturie.

***

Gjerbojnë qiejt epuar erës,
as gjethet, as strehët nuk i mbajnë,
të mos përzihen me pluhurin tokë.

Ngrihem majë gishtave t'i arrij,
e të mund t'i zë gjerbat.
Po shtati im zvogëlohet, hollohet,
e qiejt lartohen, largohen si për inat.

Atëherë, mbyll sytë, hap buzët,
që hurba-hurba qiellin ta pi.
Këmbët nuk do më llangosen më
pellgjeve të baltës...
të gjitha gjerbat i përpiva.

Aroma e gjahut

SEVDAIL ZEJNULLAHU

Sot, ajo ra në pritë; ndoshta edhe unë! Nuk e di!
 E kisha kërkuar në çdo skutë, e prita në çdo sukë, e ndjeva në çdo hap dhe ja ku e kisha vetëm njëzet hapa larg tash. E drodha pushkën dhe e mora në thumb. Edhe prita. Prita, por... nuk ndodhi gjë! As ikte drenusha nga shënjestra, as unë nuk e tërhiqja atë këmbëz afër njëcentimetër e gjysmë dhe për një të rrahme qepalle ta palosja përdhe. Rri unë, rri drenusha! Unë isha mpirë, drenusha ishte përhumbur! U përpoqa ta gënjeja veten me "nuk ishte ajo", sa për të blerë kohë, por nuk kisha fije dyshimi se ishte po ajo drenushë që kisha ndjekur për ditë a për javë të tëra. Eh, ç'qejf! Kënaqësia e aromës së gjurmëve të saj më kishte ndjekur gjatë gjithë asaj kohe, kënaqësi që nuk rrëfehet, nuk përshkruhet.
 Papritmas, më kapi një dridhje gjuri; një dridhje që kurrë më parë s'e kisha njohur. Nuk e kisha nga lodhja. Frikën nuk po e llogaris fare, sepse tashmë isha gjahtar i rryer, nuk besoja të bëhej fjalë as për ndonjë ngushtim të enëve të gjakut. Rashë në një gju dhe drejtova çiften sikur po merrja në thumb. Mirë që nuk kisha ndonjë afër të më shihte në ç'gjendje ndodhesha para një drenushe. Një gjuetar i rëndomtë mund ta zinte edhe me dorë e lëre më ta vriste. I shqetësuar nga ç'më kish ndodhur dhe nga ç'mund të më ndodhte, vendosa të shtrihesha dhe ta merrja ashtu në shënjestër... Por, dridhja e gjurit m'u shndërrua në shtrëngim gjoksi, rrahje të shpejta të zemrës, marramendje e mjegullim sysh.
 Vështrova edhe një herë. Ajo ishte aty. Asnjë çap më larg, por tani largësia më dukej shumë më e madhe edhe pse isha shumë i sigurt se nuk ishte më shumë se njëzet hapa. E mbaja në thumb, po asaj aq i bënte! Jo vetëm që po e shihja, por më dukej se edhe po e dëgjoja! Sikur më thoshte: "E di që je aty

dhe dëshiron të më vrasësh, por unë nuk jam preja jote dhe... për një gjahtar të vërtetë kjo është e mjaftueshme që të heqë dorë nga ndjekja, sepse askush nuk të ngop më shumë se gjahu yt. E unë nuk jam preja jote, më kupton?".

Britma ishte aq e madhe - apo më dukej mua - sa veshët më buçitën për disa sekonda. E di që edhe humbjet janë të përkohshme, sikurse edhe fitoret nuk janë të përhershme, por nuk doja ta pranoja dhe vazhdova ta mbaja në shënjestër. Mos isha në ëndërr?! Sa e bukur dhe e trishtë do të ishte!

"Eh, çfarë gjahtari je ti, pse nuk më vret, çfarë po pret? Preja nuk bëhet jotja vetëm pse e ndjek, pse thua "është gjahu im". Nuk mjafton ta marrësh nëpër gojë si e ke ndjekur, si i ke ngritur kurthe, si ia ke zënë pritën. Presë që nuk ia qet gjakun, nuk mund të jetë jotja. A më kupton?", vazhdoi zëri.

Kurrë nuk do ta pranoj se gjahu nuk ishte i askujt tjetër, veç imi. Për herë të parë mendova nëse kisha fishekët e përshtatshëm për një gjah të tillë. A duhej qëlluar në kokë? Po sikur të mos e qëlloja dot? Kush kishte thënë se gjahu duhet qëlluar vetëm në kokë? Jo, nuk e besoj, mund ta qëllosh ku të duash. Kryesore ta qëllosh, ndoshta... nuk e di! Edhe më keq që nuk e di! Sikur ta qëllosh diku ku nuk mund ta vrasësh, gjahu, nga frika, mund të ikë larg sa të mos e gjesh kurrë më.

"Çfarë ka ndodhë Istref, pse je shtrirë kështu?", dëgjova një zë të njohur.

"Shëëët, mos ma tremb gjahun!", thashë dhe vështrova shënjestrën, por... nuk kishte gjë.

"E paskam vra pa e kuptuar fare, thashë me vete. "E paskam vra", thashë me një lloj gëzimi të zbehtë. "E paskam vra", thashë me një lloj trishtimi të thellë.

Çudi si nuk e kisha dëgjuar fare krismën. Hodha sytë, por nuk pashë asgjë. "Më paska ikë", thashë i tmerruar. Vrapova me tërë forcën deri atje ku kishte qenë drenusha pak minuta më parë. Vështrova rreth e rrotull, asnjë gjurmë, asnjë pikë gjaku. Pashë pushkën: fishekun e kisha në tytë. "Më paska ikë", thashë sërish, me njëfarë lehtësimi, por nuk doja ta besoja. Nuk e di a më dëgjoi Tali, apo as ai nuk ishte?

"Kush të ka ikë Istref?", tha Tali, krejtësisht i hutuar.

"Nuk e di a më iku, a e vrava. Nëse e shikon, më duket se më iku, por nëse e ndien, më duket se e vrava", i thashë.

"Qy, qy! Po ti, a e pe, si e pe?", pyeti ai.

"Këtu isha, ja këtu, kur e pashë se ra në pritë"; nuk i tregova se si pata dyshuar se mos unë rashë në pritë. "Eja këtu Tal, eja dhe nga këtu ec kështu siç je në këtë drejtim njëzet hapa, saktësisht, hiç më pak, as ma shumë, njëzet. Ajo ishte aty ku je ti, e pashë, mirë e pashë. Unë isha këtu, pikërisht këtu. E hoqa pushkën dhe e mora në thumb", i tregova Talit fije e për pe dhe e drejtova pushkën andej, ku tash ishte Tali dhe ai bërtiti:

"Ej, nuk jam unë drenusha, o i çmendur! Hiqe atë pushkë!".

I tregova pastaj si më kishin kapur të dridhurat dhe isha pozicionuar në gju, si më kishte shtrënguar kraharori, si isha shtrirë, si kisha ngurruar se ku duhej qëlluar preja, si më iku, por që unë mendoja – dhe nuk e di pse mendoja – që e kisha vrarë.

"Nuk e di Tal, ndoshta e vrava, se e kisha gjatë gjithë kohës në thumb", i tregoja Talit, duke e ngritur gjithnjë pushkën drejt, andej nga më parë ndodhej gjahu im.

Befas u dëgjua një krismë pushke dhe një britmë.

"Më vrave, o i çmendur!", tha Tali dhe u shtri përdhe.

Që britma ishte e Talit e kuptova, por jo se nga erdhi krisma e pushkës. Nuk e pashë pushkën time, siç pata bërë më herët, kur dyshoja në e kisha vrarë drenushën, por një zë i trishtueshëm se nga më doli:

"E vrava, e vrava", po thosha. "E dija se e vrava", thashë me vete, "por kë?".

Vërtet gjërat m'u bënë tym dhe nuk po dija për kë po flisja, për gjahun apo për Talin. Vetëm kur u kthjellova disi dhe pashë Talin shtrirë përtokë, vrapova drejt tij.

"Tal, Tal, çfarë ndodhi? A je gjallë, kush shtiu? Nga erdhi ajo krismë?", i thashë duke e ngritur dhe kontrolluar mos ishte plagosur. Nuk i dukej gjëkundi ndonjë njollë gjaku. Vërtet, çka kishte ndodhur, kush shtiu, mbi kë shtiu?

"Nuk shtive ti?", pyeti Tali.

"Jo", i thashë. Vërtet, as kësaj radhe nuk e kisha ngehur unë gishtin.

"Nuk i dihet, në mal jemi, gjahtarë jemi, gjithmonë dikush ik e dikush ndjek", tha Tali, ndërsa po e merrte veten.

"Po, po, në mal jemi", i thashë. "Po qysh me dalë nga mali se!", këto fjalët e fundit nuk i thashë me zë të lartë, që mos të më dëgjonte ai.

Tali erdhi e u mërdhez:

"Unë nuk erdha për të parë çfarë gjuetari je, as që të më vrasësh", tha, pasi u sigurua që nuk kishte ndonjë plagë në trup.

Tali nuk bëri më asnjë pyetje rreth gjahut. Dikur tha se atë e kishte dërguar shoqata e gjuetarëve për të kërkuar nga unë që t'ia liroja Bekës atë pjesë të malit që ia kisha zënë. M'u kujtua se ia pata marrë krejt Lugun e Çelisë, Rrafshin e Lejthisë e deri te Balçaku, ku i pata thënë se mund të dilte për gjah.

"Gjahtarët duan që këtë punë ta diskutojmë, të bëjmë një takim, ku ti duhet të pajtohesh me këtë", tha Tali.

"Po", thashë, "edhe unë pajtohem që ta diskutoni, por... bëni çka bëni e malin lërmani mua", ia ktheva, duke i lënë të kuptojë se nuk isha i gatshëm të merresha më shumë me këtë punë. U nguta t'ia thosha Talit të gjitha që ta largoja sa më parë dhe t'i kthehesha edhe njëherë drenushës. Nuk më interesonte më mali, takimi i gjahtarëve, Beka, dreqi e i biri.

Tali iku. Mbeta vetëm, me pushkë në dorë dhe me gjithë shqetësimet që m'i solli dita, por edhe me një kënaqësi që do ta mbaja në shpirt. E kuptova se pesha e rëndë nuk ishte te hapësira e madhe e malit që ia kisha rrëmbyer Bekës, por tek ajo që po bëja. U ktheva edhe njëherë aty ku ia kisha zënë pritën drenushës. Ku mund të ishte ajo? Çuditërisht, skena nuk po më shqitej nga sytë; po më gllabëronte. Kisha humbur prenë time! Ndihesha shumë i lodhur dhe pamja filloi të më mjegullohej.

Teksa po kthehesha, ndesha Lekën. I qava hall.

"A ishte gjahu yt?", më pyeti ai.

"Po", thashë.

"Dhe ti e vrave?", ma ktheu i habitur.

"Jo... po... po mendoj se e vrava", belbëzova.

Ai më mati në sy dhe, pasi hezitoi pak, tha:

"Edhe Beka e kishte plagosur një drenushë. Ky as që e kishte ndjekur... i kishte shkuar në pritë si hutit në zguer. Tha se ishte e vogël e s'kishe çfarë të hajë në të...".

"Aaaaa! A Beka, a?", më mbeti goja hapur nga habia dhe kërceva: "Por... ka qenë gjahu im", më kumboi zëri im deri larg.

Leka vuri re se humba e fytyra m'u starrakuq. Zëri po më dridhej, por Leka nuk më la kohë të flisja më tej:

"Ai i ka zënë pritën, ai e ka vra, ai e ka marrë, i tij është gjahu", tha dhe u pa se nuk po e kuptonte fare shqetësimin tim.

Po provoja ta kuptoja Lekën dhe shpjegimin e tij - e kisha ndjekur gjahun aq gjatë pa e vrarë dhe sot; kur e kisha për një kohë të gjatë në shënjestër, nuk e kisha qëlluar. Po ç'faj kisha unë që ajo nuk ishte dukur askund dje dhe ishte shfaqur sot te Balçaku i Bekës?! Sot ishte gjahu im; kishte rënë në pritë në malin tim, kishte ikur nga prita ime dhe ishte vrarë nga mendja ime.

Ia thashë Lekës:

"Do ta vras, po të them se do ta vras Bekën. Nuk do lejoj të ma marrë gjahun. Ajo është e imja", i thashë Lekës dhe desha të iki, por ai më ndaloi.

"Prit", tha dhe pa nga preja e tij. Leka kishte vra një alamet dreri, dy lepuj, një ketër dhe një grumbull thëllëzash. Kishte bërë kërdinë. Kur dëgjoi fjalët e mia të forta, Leka nisi të bëhej zemërgjerë e më mbajti nga krahu:

"Prit, burrë! Qe, merri që të gjitha! Merr çfarë të duash, veç mos bëj ndonjë budallaki!".

"Prit?! Po ai e kishte dërguar sot Talin mësit me ma kërkue malin që ia kam marrë! Veçse tani, jo vetëm drenushën e malin, por do t'ia marr me shtëpi, me tesh e me kotesh dhe do ta vras si qen!", i thashë Lekës si pa të keq.

Fill pas këtyre fjalëve, iu rrasa Bekës në dyer të shtëpisë; e thirra të dilte, por nuk doli. Pastaj i rashë rrotull shtëpisë, të shihja ku e kishte fshehur drenushën. Isha i vendosur ta qëndisja llovaçkë sapo ta shihja. Dyert ishin të mbyllura dhe heshtje varri mbretëronte në çdo kënd të shtëpisë së tij. Tërë natën bëra rojë, tërë natën më shfaqej para syve drenusha, gjahu im. A ishte gjallë, a lëngonte, ku e kishte futur Beka?

Të nesërmen i shkova në shtëpi Lekës dhe i thashë të shkonte te Beka e t'i thoshte se drenusha që kishte plagosur ishte gjahu im; kishte ikur nga prita ime dhe nga mali im. "Dua të ma ktheje, ndryshe veç në hiftë ku a kanë!". I thashë që isha shumë i vendosur, ndaj ta maste mirë. Lekës nuk i erdhi mirë për fjalët e mia, por megjithatë shkoi.

Unë u ktheva për në shtëpi. Rruga ishte e shkretë, vetëm ndonjë kalimtar i rastit që nxitonte dhe aty-këtu ndonjë fëmijë që vraponte pas kushedi se çfarë. Kur mbarrrita pranë shtëpisë, një mace kaloi në anën tjetër të rrugës, që mos të ndeshej në mua. Këmbët mezi po më mbanin nga uria dhe vetëm atëherë u kujtova që prej gati dy ditësh nuk kisha futur gjë në gojë. Kur hyra brenda, nuk dija a të shtrihesha, a të haja. Mendja më rrinte gjithnjë te Beka.

Nuk shkoi as një orë dhe Leka u kthye. E kishte takuar Bekën dhe ia kishte përcjellë fjalët e mia pikë e për pe. Beka e kishte dëgjuar pa interes dhe i kishte thënë se nuk mundej me më dhanë diçka që s'ishte imja. Isha unë ai që dhunshëm ia kisha zapue malin e tij dhe duhej t'ia ktheja. Madje, ai as nuk i kishte treguar fare se çfarë kishte bërë me drenushën dhe as ku e kishte futur.

"E çka tash?", ia prita.

"Asgjë", tha ai. "Çfarë të duhet një drenushë e plagosur? Ndoshta ajo kurrë nuk do të mund të shërohet dhe të shtojë mish", tha Leka.

Unë bërtita: "Ajo është drenusha ime dhe pikë".

Edhe ai e çoi zërin: "A nuk mund ta harrosh një drenushë të dërmuar nga plumbat, dreqi e marrtë?".

"Jo, nuk mundem!".

"Edhe sikur ai ta ketë vrarë... apo ajo të ketë mbaruar tani?".

"Edhe ashtu".

"Si është e mundur?", pyeti ai me gjysmë zëri.

"Paj, ti po më pyet e unë po përgjigjem", ia ktheva edhe unë me gjysmë zëri.

Leka heshti pak dhe pastaj sërish u përpoq që të më bindte se duhej që njëherë e përgjithmonë ta harroja atë drenushë të gozhduar nga plumbat. Vetëm e dëgjoja. Dikur iku dhe shtëpia ra në heshtje.

Po ndihesha si i humbur. Doja që Leka të kish ndenjur

akoma, edhe pse isha i sigurt se nuk do të mund të ma largonte shqetësimin. Po sikur t'i shkoja Lekës prapë në shtëpi e të provoja t'ia qaja sërish hallin? E kotë! Edhe po t'i lutesha, kot. Po sikur të shkoja te Tali? Mbase ai do ishte një zgjidhje më e mirë. Ai më kish folur për vendimin e gjahtarëve. Do t'i thosha se do pajtohesha që Bekës t'ia ktheja malin, por me kusht që ai së pari të ma kthente drenushën. "Fantastike", thashë me vete. "Si nuk më ishte kujtuar më herët? Çfarë po prisja?".

Sakaq e pashë veten para Talit.

"Tal, duhet të shkosh te Beka e t'i thuash të ma kthejë gjahun", i thashë.

"Punë që s'bëhet", ma ktheu i habitur nga lutja ime.

"Tal, duhet ta bësh këtë për mua! Kurrë nuk kam kërkuar gjë prej teje!", i thashë.

Ai u mëdysh dhe pastaj foli:

"E kotë, ai nuk do dëgjojë. Ti e di se ai është inatosur me ty. Ti nuk i dhe përgjigje për malin e tij. Si do të mund ta bind që ta kthejë gjahun, kur, tekefundit, gjahu është i tij? Pastaj, çfarë të duhet një drenushë e lodhur, që është, apo s'është ende gjallë? Ke gjah sa të duash, mali gjanegat. Shpresoj që nuk ke mbetur në këtë gjah...".

Tash u dorëzova dhe iu përgjërova Talit:

"Tal, bëje për hatrin tim! Mos thuaj jo! Lute, Tal, lute për mua! Të lutem, Tal, bëje këtë! Ki mëshirë për mua! Nuk po mundem, Tal, pa të. Shko, Tal dhe lutju, lutju deri në përgjërim!".

Tali më dëgjonte i hutuar. Edhe vetë po habitesha me veten.

"Të lutem, Tal, shko vetëm një herë dhe thuaji...", këtu u mendova pak, pastaj i thashë: "Thuaji se do t'ia kthej malin, vetëm të më kthejë drenushën time!".

Tali më vështroi me dhembshuri, mendoi pak dhe tha:

"Por... edhe kështu ai mund të mos pranojë, sepse, ç'është e vërteta, mali ka qenë i tij. Nuk mund t'i japësh diçka që nuk është jotja. Nuk besoj se do të më dëgjojë, madje mund të acarohet edhe më shumë.", tha ai.

"Shko Tal! Amani të qoftë shko, vetëm shko, se po ia kthej malin e tij dhe po ia fal edhe krejt malin tim. A po më kupton Tal? Edhe krejt malin tim!", i thashë.

"Ti je çmendur, po, për besë, ti je çmendur!", tha dhe kapi kokën me duar.

"Jo, nuk jam çmendur, por nuk mundem pa gjahun tim. A më kuptove Tal? Shko, të lutem, dhe lutju, thuaj se krejt malin po ia fal. Po ia fal edhe arën te përroi, që e ka në megjë. Edhe livadhin. Edhe atë po ia fal!", i thashë.

Ai u habit edhe më shumë. Më vështroi si gjynah dhe pëshpëriti:

"Paska luejtë, i shkreti!".

Atëherë e qita edhe një fjalë:

"Ty po ta fal pushkën, Tal", i thashë.

"Pushkën!", bërtiti.

Më në fund u bind se e kisha me gjithë mend. Tha se do shkonte dhe do t'i lutej... do t'i lutej e lutej...

Ai u nis sokakut të Bekës e unë thashë me vete:

"E vrava, më në fund! Për besë, e vrava! Kjo është vrasja ime!".

Dje, drenusha ra në pritë. Ndoshta edhe unë!

Unio Mystica: Gjashtë Nuse për Zotin

RĀBI'A AL-'ADAWIYYA
(Irak, 713-801)

Xheloze për një urë

Kur Zoti tha: "Duart e mia janë të tuat",
pashë se mund të shëroja çdo krijesë të kësaj bote;
kundrova në çdo zemër bukurinë hyjnore,
që është rrënja e Kohës dhe Hapësirës.
Dikur isha një oqean i fjetur
dhe gjatë një ëndrre u bëra xheloze për një urë.
Një qindarkë të gjendet në udhë
dhe befas mund të plasë një luftë
mes të varfërve për të.
Derisa të mësojmë se Zoti banon te Ne
dhe mund ta takojmë aty,
do të vuajmë ende mes një mjerimi të madh.

ANDAL

(Indi, Shek.IX)

Zotit Vishnu

Jeta ime do të kursehet
vetëm nëse Ai do të vijë
dhe do të rrijë me mua një natë.
Nëse do të hyjë brenda meje
dhe do të lërë
gjurmën e pastës së tij prej shafrani
mbi gjinjtë e mi,
duke më trazuar, dridhëruar dhe
marrosur përbrenda.
Duke mbledhur pjekurinë time të fryrë,
duke derdhur nektar,
ndërsa trupi dhe gjaku im,
shpërthejnë në lule.

HILDEGARD VON BINGEN
(GjermANI, 1098-1179)

Haleluja

Haleluja! Drita
shpërthen nga mitra jote e paprekur,
posi një lule në skajin më të largët
të Vdekjes. Pema e Botës
po çel tani. Dy mbretëritë
bëhen Një.

CHIARA DI ASSISI

(Itali, 1193-1254)

Tërhiqmë pas Vetes

Tërhiqmë pas Vetes!
Do të rend pas aromës së parfumit Tënd,
o bashkëshort hyjnor!
Do të rend dhe s'do të lodhem kurrë,
derisa Ti të më shpiesh në bodrumin e verës tënde.
Derisa dora jote e mëngjër të shkrifë flokun tim,
 e djathta të më pushtojë me gëzim
dhe puthjen më të lumtur ta marr prej gojës sate.

ZEYNEP HATUN

(Turqi, 1420-1474)

Unë jam burimi, Ti - uji im

Unë jam burimi, Ti - uji im.
Unë rrjedh nga Ty tek Ty.

Unë jam Syri, Ti - drita ime.
Unë shoh nga Ty tek Ty.

Ti s'je e djathta dhe as e majta.
Por krahë dhe këmbë - të dy.

Unë jam udhëtari, Ti - udha ime.
Unë shkoj nga Ty tek Ty.

TERESA DE ÁVILA
(Spanjë, 1515-1582)

I Dashuri është veç i imi

Veten ia dhashë Zjarrit Hyjnor,
Dhe oh, ç'shndërrim që kam!
I Dashuri është veç i imi
dhe unë e Tija jam.

Kur Gjahtari nga lart gatitur,
harkun shkrehu mbi mua,
në krahët e Dashurisë, goditur,
shpirti ç'mu lëshua.

Që atë çast jetën e fala
dhe oh, ç'shndërrim që kam!
I Dashuri është veç i imi
dhe unë e Tija jam.

Shqipëroi Melsen Kafilaj

Tri tregime

ELEANA ZHAKO

Misha

Misha humbi ditën e varrimit të gjyshit. Gjysmë ore pas përfundimit të ceremonisë, Misha ishte ende në krahun tim bashkë me një buqetë lulesh, që nuk deshi të bashkohej me të tjerat mbi dheun e lagësht. E pashë Mishën për herë të fundit në një nga fotografitë e shkrepura gjatë daljes nga varrezat. Aty kuptova që gjer atëherë Misha nuk kish humbur, por shihte bashkë me mua varret monumentale të rreshtave të fillimit, të dy të paftilluar për gjëmën në prag. Më pas, thua se filmi negativ ishte fshirë përgjithnjë, nuk më kujtohet se si e humba. Më ra ndërmend vetëm kur pas shumë e shumë orësh, vura re që Misha nuk ndodhej askund. E kërkova gjithkund, edhe nëpër shtëpitë ku kisha shkuar si vizitore, por më kot. Vajtova për humbjen e Mishës, siç gjyshja vajtoi për humbjen e babos. Ajo mbeti fillikate pa babon dhe unë mbeta fillikate pa Mishën. Atë e kishin blerë prindërit e mi në Berlin, pesë vjet para se të lindja. Ishte një arush i tjetërllojtë, me plagë të qepura në trup e njërën dorë të fashuar, ngjashëm me një ushtar të mbijetuar nga Lufta e Dytë Botërore. Pamja e lënguar e Mishës e përligjte përkujdesjen e shtuar në krahasim me kafshët e tjera të mbretërisë sime të lodrave. Skenari më torturues që më përhihej, ishte ai i flakjes së Mishës tok me hedhurinat e tjera kutërbuese në një prej kazanëve gjigantë të plehrave ose copëtimi nga një lukuni qensh bredharakë, që e shihnin si lodër argëtuese. Prindërit u munduan të më qetësonin, duke më premtuar se do të më blinin një tjetër, të njëjtë. Dy kushërirat e mia E. dhe N. janë binjake, gati identike. Por, ndonëse ndodh t'i ngatërroj, asnjëherë E. nuk e zëvendëson N. apo e kundërta. Edhe sikur të gjendej një i njëjtë me të, a mund një Misha tjetër të jetë prapë Misha?

Këmbëza e skandalit

"It's remarkable how much you have helped me find my feet in Brussels. Thank you. Enjoy your birthday present (in both languages)". E vendosi dhuratën përbri krevatit, nën abazhurin, që netëve lëshonte një ndriçim të portokalltë. Çdo herë, para së flinte, shfletonte poezitë në të dyja gjuhët, derisa në varësi të titullit apo imtësive të tjera ndalej në një prej tyre. Por libri, prej disa ditësh, nuk ndodhej më në komodinën e saj; ishte zhvendosur në krahun tjetër. Qëkur poetja polake kishte hyrë në jetën e tyre e më pas në shtratin bashkëshortor, duke zgjedhur përfundimisht krahun e tij, ai përhumbej i tëri mes rreshtave të saj. E dinte që e vetmja mënyrë të hakmerrej ndaj këtij rituali të përnatshëm, ishte të hiqte qafe të përzgjedhurën e tij. Kur ai të mos ndodhej aty, do e merrte dhe do e rraste në bibliotekën ambulante të lagjes, një kuti metalike e bardhë, ku çdokush mund të lërë librat që i ngushtojnë hapësirën e shtëpisë. Në brendësi të kutisë ndodhet një shënim dygjuhësh, ku shkruhet se librat "e shkarkuar" nuk duhet të përdoren për qëllime shitblerjeje, por për t'u njohur me sa më shumë lexues. Porsa ai të kthehej, do e mbante frymën drejt qoshes ku ajo flinte, ende nën marramendjen e natës së mbrëmshme. Por nuk do e gjente askund, pavarësisht se do e kthente gjithë dhomën përmbys. Klitemnestra do të përpiqet ta qetësojë me një buzëqeshje djallëzore dhe do t'i thotë që ndoshta pastruesja do e ketë futur gabimisht në ndonjë raft të bibliotekës. Ai do ta kërkojë në morinë e pafundme të librave dhe, ujë në djersë nga lodhja e dëshpërimi, do të thërrasë: "Ku dreqin e ka vënë?". Por më kot, se lavirja që mbarste nënvizimet e tij, do të ndodhet në një bibliotekë tjetër, larg çdo dyshimi.

Mesi i artë

Sa herë që zhurma të vogla depërtonin në katin e sipërm dhe atë të poshtëm, ajo më lart reagonte përmes trokitjes së parketit ose murit, ndërsa komshia më poshtë zgjidhte forma më zyrtare, duke dërguar mesazhe kërcënuese. Gestapoja e poshtme, një grua e bëshme, shtatlartë, e racës ariane, e cila i shëmbëllente fort gardianeve naziste, trokiti një të diel në derën tonë, që të na përplaste në fytyrë një fletushkë me udhëzime për banorët e pallatit:

"Ndalohet përdorimi i fshesës elektrike të dielave"

"Ndalohet përdorimi i lavatriçes"...

Këto dy ndalime më ranë menjëherë në sy, pa marrë mundimin të lexoja të tjerat. Aty për aty më lindi ideja të shkruaja një poezi për fqinjën marruke dhe ta publikoja në rrjetet sociale, si një formë shpagimi. Nëse ndonjë ditë do t'i lindte kërshëria të kërkonte emrin tim dhe faqen time personale, si padashur mund të ndeshte poezinë dedikuar fqinjës së katit të mëposhtëm (atëherë s'ekzistonte ende fqinja e mësipërme) dhe përmes "google translator" do të zbulonte ngjashmërinë me veten.

Që nga paralajmërimi i parë kaloi njëfarë kohe, derisa një ditë u shkëmbyem në hyrjen e pallatit. Një shami i mbulonte kokën dhe, në mungesë të kurorës së flokëve, i dilte në pah një fytyrë ovale dhe e qeshur, përshkuar nga një dritë e butë. Po të njëjtën ditë, një poezi e dytë do të nxirrte kryet, ku magjistarja e katit të poshtëm do të përshkruhej si një princeshë qerose, që rrezet kimike i prishën modelin kare të flokëve. Neurotikja e poezisë së parë, tani ishte shndërruar në një qenie të ëmbël, ku përziheshin konceptet e dhembshurisë dhe pendesës. Kjo lloj paqeje zgjati disi gjatë, derisa riveshi uniformën e saj të dikurshme. Atëherë rifilloi të dërgonte mesazhe, ku na diktonte sërish rregullat e përdorimit të lavatriçes dhe llojit të zhurmës së lejuar. Kur një ditë, papritmas, dëgjova trokitje në derë, mendova se do të ishte e njëjta, por, për habinë time, një femër shtatvogël, me flokë të zeza si pendë korbi, më tha me zë të dridhur se s'mundej të flinte netëve, pasi dëgjonte hapa, që nuk ishte në gjendje të përcaktonte se nga vinin. Për këtë arsye, na lutej të bënim hapa më të lehtë, "mundësisht të fluturojmë", shtova me mendje. Kjo gjendje u përsërit disa herë. Zonja misterioze e katit të sipërm, asnjëherë nuk mundi të përcaktonte se nga vinin ecejaket e vona të mesnatës. Fillova të ndihesha si mesi i një sanduiçi, ku një dorë gjigante herë më shtypte nga sipër, herë nga poshtë ose njëkohësisht nga të dyja anët. "Mesi i artë", mendova, teksa nënshkruaja aktin e kapitullimit.

Cikël poetik

KLODIAN KAPLLANAJ

✶ ✶ ✶

Dremit Danimarka. Kështjellës Elsinor,
mesnatës sillen dy mbretër.
Me skeptër i pari, fron e kurorë,
fantazmë që paqe nuk gjen, mbreti tjetër.

Një gjak i bashkonte (gjak, vallë, o helm?).
Një grua mes tyre... Ç'tradhti, medet!
Në vorbull dilemash rënkon si në jerm,
"Të jesh a mos jesh?!", princi Hamlet.

"Të jesh a mos jesh?!", Danimarka vajton.
Janë shumë dy mbretër për çdo mbretëri.
Fantazmë ngrihet njëri e tjetri në fron.
Një është i tepërt. Po kush është ai?

Tek ngre si mynxyrë të përpiktë mesnata,
bedenave spektrin e ftohtë të fantazmës.
Dhe shkon helm i zi nga shpirtrat në shpata,
për fatin e zi të Danimarkës.

* * *

Unë herët shkova. Vjeshta kish
shtruar floririn nëpër botë,
por drurët-kryqe të pakrisht,
së largu ndienin të ftohtë.

Unë herët shkova. Vetëm heshtja
më vinte prapa aq e trishtë,
teksa florinj dhuronte vjeshta,
me kryqet bashkë, bujarisht.

Unë herët shkova. Vjeshta mbet,
e largët mjegull nëpër botë,
floriri udhëve u tret,
veç kryqe gjeta. Kryqe plot.

Baladë e re për Kostandinin

Shkon një kalë bregut të thatë,
frelëshuar - o.
Vetëm filli nëpër natë,
pa kalorës - o.

Vjen me vrap e turfullon,
jele nëpër zjarr,
Kostandinin po kërkon,
ta shpjerë në varr.

Kostandinin sjell që larg,
prej fundit të botës,
bashkë me vdekjen te një prag,
të nënës dhe motrës.

Shtatë vjet gropës u dergje,
patretur nën dhe.
Besën për të mbajtur erdhe,
përse, vallë? Përse?

Plasën motra edhe mëma,
si qelqe me verë.
Kostandin të ardhtë gjëma!
Dy varre të tjerë,
në varreza ja ke çelur,
fisit të pafat.
Vetëm yti, bosh ka mbetur,
humbe nëpër natë.

Guri shalë, kalë balta,
kali nëpër botë,
hingëllin sa dridhet nata,
të kërkon më kot.

Si një shpirt pa paqe endesh,
humbur nëpër re.
Ndër të vdekur dot nuk kthehesh,
s'ke më vend atje.

As nën e as mbi dhe,
diku në kufi,
s'je njeri, fantazmë s'je,
s'je as perëndi.

Udhë e gjatë. Oh, ç'mallkim!
Ik e s'ka të ndalur.
I pavarri Kostandin,
vdekur, i pakallur.

E hidhur

Në arat e shpirtit, të mbledhur duaj,
rrinë dhimbjet e mia. Me to dhe mërzitë.
Të lindesh... të plakesh... të mbetesh i huaj,
të vdesësh nga pak përditë.

Të shkretave ara, në borë e thëllim,
u tretën dhe ëndrrat e mbetën skelete.
Me to e pa to. E prapë dëshpërim.
Të vdesësh... Të ngjallesh... Të heshtësh me vete.

Dhe dimri i shpirtit që zgjatet e zgjatet,
Gjithfarë perëndish tek shfaqen prej resh.
T'u lutesh? T'u falesh? Të shlyesh mëkatet.
E prapë ngushëllim të mos gjesh.

* * *

Ditët janë gri...
Në gri jam veshur.
Po ti?
Si moti,
e heshtur!

As diell. As shi.
As qan e as qesh.
Jeta në gri.
Ç'ti vesh?

Cikël poetik

VALBONA BOZGO MUSAI

Më thua që më mban në zemër.

Që prej ditës,
që më mbylle burgut të gjaktë,
ku etshëm, pangopshëm butet e saj me verë rrëkëllej,
qielli duket tjetër qiell,
hëna ndriçon jo si më parë,
dhe dielli më ndryshe se çdo herë.

Të them që të mbaj në zemër.

Që prej ditës,
që të mbylla burgut të gjaktë,
ku veç teje s'kishte tjetër Zot,
ajri ndehet i paqtë si lehonë,
yjet errësirës ndryshe shkëlqejnë,
dhe retë shi të ngrohtë lëshojnë përtokë.

Themi që e mbajmë njëri-tjetrin në zemër.

Që prej ditës,
që u mbyllëm burgjeve të gjaktë,
ku lindja dhe perëndimi njëlloj flakërijnë,
dheu është bërë i grunjtë,
zogjtë edhe natën cicërojnë,
deti rruaza stërkalash qiellit pik.

Që prej ditës...

Ishin ata...

Fëmijët e varfër luanin me lodra të bëra vetë,
me kukulla prej leckash vajzat,
me shpata e pushkë druri a hekuri rrëmuar qosheve
të shtëpive apo punishteve të qytetit, djemtë.

Kur rriteshin dhe plasnin luftërat,
ishin ata djem që binin në betejë, zakonisht.
Vajzat e kukullave shembeshin pragut,
me kristale kripe, që u ndrisnin syve ligsht.

Jani

Jani ishte fëmija i fundit i gjitonit tonë,
i cilësuar me termin "i vonuar".
Nuk e kapërceu kurrë qytetin,
madje të gjithin zor se e kish parë.
Por ishte kaq kureshtar sa,
ndodhitë dëgjuar prej të tjerëve,
i tregonte me pasion,
gjithnjë në vetë të parë.
Për shembull, më përshkruante udhëtimin
në majën e malit më të lartë të vendit,
shënjuar saktësisht gjeografinë,
që afronte pamja madhështore
e më pyeste herë pas here:
"Ti më beson, apo, jo?!"
"Po", i gjegjesha përherë.
Më rrëfente si i kish qëlluar me çifte
një derri të egër, mes një pylli të frikshëm,
ku për pak desh ish çarë prej kafshës.
(xhaxhain e kishte gjuetar).

Një mëngjes, dritë e diellit Janin nuk e zgjoi...
Pak ditë më parë më kish rrëfyer për një udhëtim,
natën, me avion, përmes trumbës së yjeve.
I pata thënë: "Të besoj".

Një lule qershie

Pak vite para daljes në pension,
shpresoja që im atë,
titullin "mjeshtër i pemëtarisë" të gëzonte,
si të tjerë para tij,
që, për hir të së vërtetës,
për nga mjeshtëria i vinin n'anë.

Nuk ia dhanë!

Nuk u ankua.
Ishte pranverë.
Mund të ankohet njeriu në këtë stinë?
Të nesërmen e mosvlerësimit kthehet në shtëpi,
me një lule qershie ngecur në shpinë.

Kundërvënie

I kundërvihem natyrës herë-herë,
me lyerje thinjash e makijazh,
për t'u dukur më e re.

Po aq herë natyra triumfon.

Si një kloun, që prej shiut të beftë bëhet helaq,
pa mëshirë,
thinjat dhe rrudhat sërish m'i shfaq.

Në një trup, ndodhka në jetë,
drejt fundit nisur t'jenë dy vetë.

Zarfi misterioz

ARBËR AHMETAJ

'Prraaf'. Natali hyri në jetën time siç hyn një gur, që thyen qelqet e dhomës. Sonia dhe unë po jetonim të lumtur. Nënën sapo e kishim hequr qafe. E vendosëm në azil. Sonia u kujdes për gjithçka. Bëri letrat, gjeti vendin, madje edhe ditën kur e hoqëm nga shtëpia u kujdes për të; i dha me vete edhe një kuti të vjetër duhani të të shoqit, tim eti të vdekur prej kohësh. Brenda saj s'kishte tjetër gjë, pos disa fotografive të hershme. Shtëpia jonë shkëlqen. Nëna, si send i vjetër, nuk shkonte me mobiliet e reja. E shoh ndonjëherë; është mirë atje, me shokë e me shoqe.

Po lexoja romanin "Melusina", të Balil Gjinit, kur ra zilja e derës.

- Natali! - tha gruaja e re dhe më zgjati dorën. - Infermierja e nënës suaj!

Mendova se kish vdekur nëna. Jo. Akoma. Natali më shpjegoi shpejt e shpejt se nëna ishte mirë. Shëndetin e kish të qëndrueshëm e ndihej për bukuri në dhomën e saj të dekoruar me aq përkushtim nga Sonia. Po, Sonia pat bërë vërtet mrekulli. Qe kujdesur shumë që nëna të ndihej mirë atje. M'u duk e padrejtë ta mbaja aty në këmbë atë grua, që po më sillte lajme të mira nga planeti i nënës, ndaj e ftova brenda. Bëra një gjest gjysmak, si punë keqardhjeje që s'e kisha gruan në shtëpi, por Natali s'qe nga ato sqimataret, që pyesin për detaje. Hyri brenda e, kur i shërbeva një çaj të ftohtë - "Ice tee", i thotë Sonia - Natali, me gjunjë të bashkuar, tërhoqi cepin e fustanit, si për t'i mbuluar pak.

- Me zonjën nënë, flasim gjithë kohës për seks!

Aty e përjetova të fortë atë ndjesinë e gurit që thyen xhamin, "prraaf", e bie mbi këmbështroje. Nëna, mbetur e ve në moshë të re, i qe përkushtuar rritjes e shkollimit tim. E ia kishte arritur si zonjë e madhe. Studiova shumë, në gjithfarë fushash, koleksionues diplomash me emër; sa herë paraqitem për ndonjë vend të ri pune, e fitoj me lehtësi. Sonian, po ashtu, e kisha "fituar" me lehtësi. E gjeta përmbys duke vjellë në banjën e një bari nate. U kujdesa për të e ajo ma shpërbleu menjëherë me gjithë të mirat që ka një grua e re. Po të mos qe Sonia, jeta ime seksuale do t'i ngjante një muri të rrëzuar nën dritën e hënës. Diçka e trishtë. Ajo e ka drejtuar anijen e lumturisë sime në këtë liman të qetë. Po s'të lë zoti shëndoshë për shumë kohë! Kjo Natalia, që flitka për seks me nënën time, i dallgëzoi befas ujërat.

- Domethënë... për seks, – po më merrej goja, - ju jeni infermiere... e dëgjoni.

- Kohën e lirë e kaloj me zonjën D. Shëtisim në parqet rreth e rrotull, ndalemi për kafe; ajo më flet shumë për ju, për sakrificat që ka bërë për t'ju rritur, arsimuar. Sa krenare është për këtë. Unë kam goxha vite pune aty e kurrë s'kam parë një zonjë të tillë.

Nëna ime ka qenë mësuese. Pak vite pas vdekjes së tim eti e mora me vete. Në atë kohë kisha një bursë për studime doktorature në Universitetin e Gjenevës. Prej atëherë kanë kaluar pesëmbëdhjetë vjet. E gjeja çdo mbrëmje në shtëpi, duke më pritur. Kurrë s'kisha folur me të për seks. Nuk e di a flisni ju me nënat tuaja për këtë gjë, por, zot na ruaj, as që më kishte shkuar ndërmend një subjekt i tillë. Pak tërthorazi më fliste: "Është mirë të gjesh një grua apo shoqe", "Kur vjen një moshë, martesa bëhet shumë e vështirë" e këso nënkuptimesh, që mëtonin të më nxisnin të gjeja dikë. Pata fat atë natë që gjeta Sonian duke vjellë. E solla në mesnatë në shtëpi. Nëna më pyeti se ku e kisha gjetur. I sinqertë siç jam, "në nevojtore" iu përgjigja. Ajo mbylli hundët me gishta; prej fjalës a prej erës së të vjellave, nuk e di. Të nesërmen e asaj nate, Sonia u bë e pastër, bëri dush. Nëna mbylli gojën. Unë, merret me mend. E dua Sonian si sytë.

Mora një gotë verë. Sonia qe në punë. Ulur përballë Natalisë, po e pyesja për detaje të vogla të jetës në atë shtëpi të moshuarish. Kisha parë filma e lexuar romane për histori dashurie mes të moshuarve. E dija që ndjesia nuk mplaket, se një shikim i ëmbël bën të dridhen edhe lëkura të rrudhura, jo veç këto si tonat, si ajo e Natalisë, për shembull. Gjuri i saj qe zbuluar tashmë e ajo s'kujdesej më ta tërhiqte fustanin. Natali më tregoi se njëherë kishte gjetur në sirtarin tek kryet e shtratit të një burri, një 'akullore'. E kishte fshehur që t'ia jepte pasdite Johanës, të dashurës.

- Asaj i pëlqejnë akulloret! – qe justifikuar burri, si i zënë në faj.

S'po më zinte vendi. Natali s'kishte ardhur aty të më thoshte veç ato fjalë, por të më jepte një lajm: "Nëna jote ka rënë në dashuri!", "Ajo do të martohet së shpejti! Ja ftesa për dasmë". "Nëna ka ndërruar dhomë ose ka ftuar dikë tjetër në dhomën e saj". Me sa përkushtim qe kujdesur Sonia që dhoma e saj e parafundit të ishte e bukur, e këndshme. Natali s'dukej fort e nxituar të mbërrinte në këtë pikë të bisedës. Kur befas u ngrit.

- Më duhet të shkoj! Jam e gëzuar që ju njoha!

Mbeta gojëlidhur. E përcolla te dera! Kur befas u kthye e më dha një zarf të vogël, të pikturuar me zemra, lule, diej e yje. Vuri gishtat mbi buzë, fryu një puthje drejt meje, mori ashensorin e unë, si qyq, në derë. U ktheva dikur. Mbarova gotën e verës, vendosa zarfin në faqen ku kisha ndërprerë leximin e romanit "Melusina" dhe e harrova fare. Kohë më vonë, kur hapa librin dhe zarfin brenda tij, në foto, një penis "sex toy", bukur serioz e pas saj shkrimi i nënës: "Ma blej një. S'mund të përdor gjithmonë këtë të Natalisë".

Pa e mbyllur akoma librin, më zuri syri këtë frazë: "Vafsh në piçkë të sat ëme!". Për mua ta ketë shkruar Balili?

Mesazhi i fshehur i Lasgushit në poezinë "Poradeci"

ALBA GEGA

Lasgush Poradeci (Llazar Gusho) është ndër autorët më të çmuar nga kritika dhe më risori në poezinë shqipe. Ai solli në letërsinë shqipe novacion në stil dhe tematikë. Në poezitë e tij më të njohura lakmon kryesisht tematika të dashurisë, filozofisë, atdhetarisë dhe peizazhet. Në letërsinë shqipe ka plot tematika të tilla, por vargu i Lasgushit është autentik.

E tillë na shfaqet edhe poezia:

Poradeci

Perëndim i vagëlluar mi Liqerin pa kufir
Po përhapet dal-nga-dale një pluhúrë si një hije.
Nëpër Mal e nër Lëndina shkrumb' i natës që po bije,
Duke sbritur që nga qjelli përmi fshat po bëhet fir...

E kudó krahin' e gjërë më s'po qit as pipëlim:
Në katund kërcet një portë...në Liqer heshtë një lopatë...
Një shqiponjë-e arratisur fluturon në Mal-të-Thatë...
Futet zemra djaloshare mun në fund të shpirtit t'im.

Tërë fisi, tërë jeta, ra... u dergj... e zuri gjumi...
Zotëroj më katër anë errësira...
Po tashi:
Dyke nisur udhëtimin mes-për-mes nër Shqipëri,
Drini plak e i përrallshëm po mburon prej Shëndaumi...

Në pamje të parë është një poezi përshkrimore-peizazhiste e perëndimit të diellit në liqenin e Pogradecit, por, përmes shënjuesve simbolikë dhe shtresëzimeve simbolike mbivendos shtresa kuptimore të atdhedashurisë. Mrekullisht në poezi sinkronizohet jeta e njerëzve me unin poetik.

"E kudo krahin' e gjërë më s'po qit as pipëlim:
Në katund kërcet një portë... në Liqer heshtë një lopatë...
Një shqiponjë-e arratisur fluturon në Mal-të-Thatë...
Futet zemra djaloshare mun në fund të shpirtit t'im"

Poezia e Poradecit nuk mund të lexohet pa zbërthyer kontekstet e nënkuptuara. Perëndimi i diellit përpara se të përshkruhet nga uni lirik, "Perëndim i vagëlluar mi Liqerin pa kufir/ Po përhapet dal-nga-dale një pluhurë si një hije", vizatohet përmes vargut të gjatë 16-rrokësh ose 8-rrokëshi i dyzuar. Ky varg nuk është rastësor; në vetvete shtrin gjithë horizontin e perëndimit. Nuk është pa qëllim as rima e përmbyllur; ajo paralelizon përmbylljen e ditës.

Nga ana teknike e stilit, Poradeci përdor mjaft asonancën dhe konsonancën. Përmes përdorimit të dendur të bashkëtingëlloreve, imiton zhurmën e kërcitjes së derës:

"E kudó krahin' e gjërë më s'po qit as pipëlim:
Në katund kërcet një portë... në Liqer heshtë një lopatë..."

Pra, përmes përdorimit të këtyre elementeve, ai krijon imazhe te lexuesi, madje duke u shkrirë edhe në një gjendje akustike.

Mjeshtëria e Lasgushit duket edhe në "gabimet" drejtshkrimore. Herë shtohen shkronjat (kufir, mun), herë hiqen (krahin, mi) dhe herë përdoret e gjitha "me gabime shkrimore" (tashti, dyke, dal-nga-dale). Madje, poezia që në titull paralajmëron për këtë stil të të shkruarit (Poradeci dhe jo Pogradeci).

"Saktësia" e këtyre gabimeve drejtshkrimore qëndron në përftimin e muzikalitetit dhe ritmit të poezisë, për arritjen e bukurtingëllimit dhe euforisë. Kjo arrihet edhe përmes përdorimit qëllimor të rotacizmit të emrit liqer.

Një nga shtresat kuptimore për t'u zbërthyer dhe që

kërkon një vëmendje të veçantë është përdorimi jo i "drejtë" i shkronjës së madhe. Nëse vëmë re fjalët që përdoren me shkronjë të madhe janë: Liqer, Mal, Lëndina, Katund, Mal të Thatë, Shqipëri dhe Shëndaumi. Të gjithë këta emra shënojnë destinacion gjeografik, që përthyen rëndësinë e poezisë dhe mesazhin thelbësor. Këtu zbulohet edhe kuptimi qendror i kësaj poezie: dëshira për Shqipërinë e madhe, ku Drini rrjedh mes për mes Shqipërisë. Përmes vargut:

"Një shqiponjë-e arratisur fluturon në Mal-të-Thatë...
Futet zemra djaloshare mun në fund të shpirtit t'im"

dhe vargut

"Dyke nisur udhëtimin mes-për-mes nër Shqipëri,
Drini plak e i përrallshëm po mburon prej Shëndaumi..."

shprehet keqardhja e copëtimit të hartës së vendit dhe dëshira për të qenë Shqipëria siç ishte: e madhe me gjithë trojet e saj.

Elementet e poezisë (ritmi, rima, gjatësia e vargut, metaforat, figurat stilistikore dhe përdorimi i asonancave dhe kosonancave) nxisin imagjinatën e lexuesit dhe pikturojnë jo vetëm magjinë e perëndimit të diellit, por edhe dëshirën për ta parë Shqipërinë të madhe e të pacopëtuar, për t'u mos u futur "zemra dialoshare mun në fund të shpirtit t'im".

www.ingramcontent.com/pod-product-compliance
Lightning Source LLC
LaVergne TN
LVHW041604070526
838199LV00049B/2136